# 有元葉子のマリネがあれば

仕込んでおいて、すぐごはん

文化出版局

## contents

うちのご飯がすぐできるわけをお話ししましょう。 4

マリネに使う基本調味料 6

## 魚のマリネ

鮭の塩マリネ（自家製の塩鮭） 8

鮭の塩マリネを使って　鮭のレモン蒸し 10　　鮭のソテー、トマトマリネ 11

たらのレモンマリネ、じゃがいもとオーブン焼き 12

鯛のにんにく酢マリネ 14

鯛のにんにく酢マリネのグリル、ポテトサラダ添え 15

さばの酢マリネ 16

さばの酢マリネと赤玉ねぎのサラダ 17

えびのとうがらしハーブマリネ 18

えびと豆のマリネ 20

いかと鶏のピリピリソースマリネ・にんじんのはちみつ焼き 22

ピリピリソース（とうがらしソース） 24

南蛮漬け2種　魚と玉ねぎの南蛮漬け 26　　鮭の南蛮漬け 26

まぐろのみそマリネ（みそ漬け） 28

白身魚のごまじょうゆマリネ 29

いかの酒塩マリネ 30

たこのしょうが酢マリネ・たこときゅうりの酢の物 32

あじの干物の梅干しマリネ 34

## 肉のマリネ

| | | |
|---|---|---|
| | 牛肉の鍋ローストマリネ | 36 |
| 牛肉の鍋ローストマリネを使って | 牛肉の粒マスタードあえ　38　　牛肉のゆずこしょうだれ | 39 |
| | 牛肉のヴェトナム風マリネ | 40 |
| | 焼き肉 | 42 |
| | 牛すねの玉ねぎドレッシングマリネ | 44 |
| | 豚肉のみそマリネ | 46 |
| | 豚ヒレ肉とマッシュルームのハーブマリネ | 48 |
| | 豚ひき肉のチョリソ風・ピーマン詰め焼き | 50 |
| | 鶏手羽先の素揚げマリネ・ミニパクチョイの炒め物 | 52 |
| | 鶏肉の赤ピーマンペーストのマリネ | 54 |

## 野菜のマリネ

| | | |
|---|---|---|
| | 干し野菜のマリネ | 56 |
| 干し野菜のマリネを使って | 干し野菜のマリネ、クラッカー添え　58　　干し野菜のスパゲッティ | 59 |
| | キャベツのキャラウェイマリネ | 60 |
| | トマトのメープルシロップマリネ | 62 |
| | いろいろ野菜のピクルス | 63 |
| | 長ねぎのマリネ | 64 |
| | じゃがいものマリネ | 65 |
| | 焼ききのこのマリネ | 66 |
| | 大根とセロリのレモンマリネ | 67 |
| | 焼き野菜のだしびたし（だしマリネ） | 68 |
| | わかめのマリネ | 70 |
| | オクラのマリネ | 71 |

## 果物のマリネ

| | | |
|---|---|---|
| | レモンとしょうがのはちみつマリネ | 72 |
| | いちごのレモンマリネ | 74 |
| | ざくろのマデーラ酒マリネ | 75 |
| | マンゴーのパッションフルーツマリネ | 76 |
| | プラムのバニラマリネのクランブル | 78 |

本書で使用している計量カップは 200㎖、計量スプーンの大さじは 15㎖、小さじは 5㎖です。1㎖は 1cc。

# うちのご飯がすぐできるわけをお話ししましょう。

思いがけない客人があったり、ついつい話し込んでご飯どきになってしまっても、マリネさえあればあわてることはありません。私の普段の生活を考えてみても、予定外の食事支度やお弁当作り、また外出から戻ってすぐのご飯などという状況は日常茶飯事です。何時間ものドライブの後、帰宅したらすぐに４、５人分のなにがしかのおかずと、ご飯を炊く間にちょっと酒のつまみを出したりすると、どうしてこんなことができるの？と目を丸くされたりしますが、そんなとき実は私はマリネの力に頼りきりなのです。

食材の買い物に行くときは、マリネしておく食材も忘れずに１、２品買っておき、食事の支度をするときに、ちょこっとマリネしておくだけ。これで明日のご飯の心配はいりません。２、３の異なったマリネをしておけば、その分あとがずっと楽になります。メインをマリネしておいたら、それを焼くなり何なりして火を通し、酒肴になりそうなマリネがあればそれを先に出して飲んだりつまんだりしてもらえば、気楽にゆっくりと支度ができるというものです。何より時間と、心の余裕が出てきます。余裕があればご飯作りも失敗しないし、もう一品作ろうかな、なんていう気も起きることでしょう。

毎日のご飯作りは、日常生活の流れの中からしか生まれてきません。日常生活は百人百様、だからどこの家もそれなりに違ったものを食べているわけです。毎日新しい食品を買って、毎度一から作ることはめったにないでしょう。昨日、今日、明日と毎日台所仕事をしていれば、残るものも必ず出てきます。これを明日の料理に生かしていくのが、台所を預かる者の、腕の見せどころ。これはとっても頭を使い、創意工夫が必要なことです。だからおもしろい、ともいえます。思いがけず残った刺身や肉があるなんていうときこそマリネの出番です。今日を中心に前後に２、３日の時間の流れをみて料理を考えていくと、マリネは必須になってきます。そしてマリネが上手になってくると、台所仕事がうまく回ってい

くようになります。いい流れができた台所は生き生きとし、急な場合も余裕を持っておいしい料理を作れるようになるのです。

マリネ、とはなにがしかの調味料で食材に味をつけておくことです。生もののマリネと火を通してからのマリネと2通りあり、前者はいただく前に火を通すことが多く、新鮮な魚のマリネはそのままいただいたりもできます。一口にマリネといっても、大きな幅のある調理法です。本書ではいろいろなタイプのマリネをご紹介しています。ご覧になると一目瞭然ですが、調理が焼くだけなどシンプルを極めます。マリネは時間がおいしくしてくれるので、手をかけるのはきわめて単純なのがいちばんおいしい。単純なのに深い味わいが生まれる、これがマリネの真骨頂です。

マリネを知れば忙しい方も忙しくない方もおいしく楽に、シンプルにお料理を楽しんでいただけることと思います。

# マリネに使う基本調味料

調味料はマリネに必須です。しかも調味料のよし悪しがマリネの味を決めます。価格が高ければいいというわけでもありませんので、やはり最後に頼りになるのは自分の舌、すなわち味覚です。見ただけではわからないので、必ず味見をしてから使います。味をみていくうちに舌は自然に訓練されて、よし悪しや好みもはっきりと見えてくることでしょう。

### オリーブオイル

私がオリーブオイルという場合は、すべてエキストラバージンオイルのことです。新物はピリッとスパイシーで苦みもあります。しぼりたてはフレッシュな草の香りと強い刺激がありますが、少し時間をおいてマイルドになったものも甘みが出てきておいしいので、しぼりたてがよいとは一概にはいえません。オリーブオイルで食材をコーティングして焼くと、ぱりっとしておいしそうなのは当然のことながら、火を入れることで起きる栄養価の損失を防ぐことも証明済み。よいオリーブオイルは油というより、特上の調味料のようなものではないでしょうか。

### ごま油

ごま油は香りが命、といってもあまり強すぎるとくどくなるので、ほどほどのものを。国産のごまから作られたものなら申し分ありませんが、なかなか入手しにくいのが現実です。国産のごまでなくても、きちんといって搾油された、安心できるメーカーのものを選びましょう。

### 塩

いろいろな塩が出回っています。その中から、好みのものを見つけていきましょう。なめたときはさほど塩からくなくても、漬け込むうちに塩からさが際立ってくる塩もあります。素早く素材に塩を回したいときは細かい塩を、塩粒を感じたいのであれば粗めの塩を、と使い分けてください。

### 砂糖

甘酸っぱい味や甘からい味は、おしなべてみんなの好きな味です。マリネにもこの味を基本にしたものが多いです。砂糖はできるだけ白砂糖は控えます。私は和三盆やメープルシュガーをよく使用します。軽やかで、それでいて深いうまみのある砂糖を少し使うのが、私の甘みの使い方です。

### 酢

マリネに酢はつきもの。米酢、ワインビネガーの上質なものを私は選んで使用しています。米酢はマイルド、ワインビネガーは酸味が強いのが一般的。赤酢(酒かすを原料とした、こくと風味の強い濃厚な色の酢)もより自然で、いいと思います。各メーカーで味がかなり違いますので、よく味見をしてから使いましょう。最近では甘めのホワイトバルサミコなども出回っていますので、やみくもにレシピどおりの分量を入れるのではなく、前もっての味見がとても大切。それがわかれば、自分の好みの分量で自分のレシピができてきます。

### みりん、酒

みりん風というものが出回っていますが、これを使うなら砂糖やメープルシロップの甘みと酒で作ったほうがよほどおいしい。まがい物は避けましょう。調味料が悪いと、せっかくいい素材を使っても台なしに。そんなにたくさん使うものではありませんから、正しく作られた、そのまま飲んでもおいしいみりんをお使いください。煮きりみりんを保存しておくと便利です。酒もみりん同様、飲んでおいしいものを使い、煮ってアルコール分を飛ばします。

### メープルシロップ

私は甘みの欲しいときによくメープルシロップを使います。ホットケーキに使うばかりでなく、ぜひ一度お料理に使ってみてください。かえでの樹液を40分の1に煮つめたのがメープルシロップです。オリーブオイル同様、他のものは何も入っていません。安全であるばかりでなく、ことのほかいい甘みです。これをお料理に使わないのはもったいないと思い、私はみそ漬けや南蛮漬け、和風のたれにもよく使います。メープルシュガーというメープルシロップから作る粉状の砂糖は、和三盆と酷似しているから不思議です。

### しょうゆ、みそ

日本各地で独特のしょうゆやみそがあります。各自の好みがはっきり分かれるのは、やはりこのしょうゆやみそではないでしょうか。どの製品にしろ、きちんとした素材で、時間をかけて作られているものが一番です。安心できる作り手の製品を選ぶのは、消費者の責任でもあります。

### とうがらし

とうがらしは世界のスパイスです。どの国に行ってもとうがらしを使った調味料があります。とうがらしを入れたマリネはとてもおいしいです。ただ、とうがらしほど農薬を使うものもないそうですから、そこのところはよく確かめて、国産の安心できるとうがらしをお求めください。

### ハーブ、スパイス

ハーブやスパイスでマリネに変化がつきます。同じ作り方、調味料でもスパイスを替えるだけで違った料理になるものです。好きな組合せを見つけるのも料理の楽しみの一つ。粉状のスパイスは早く香りが飛んでしまうので、使用期限には気をつけて。ホールで保存しておけば長く使えますし、ホールのひきたての香りが一番です。

### こしょう

私はいつも粒こしょうをひいて使っています。こしょうひきを調節すれば、細かくひいたり、粗くひいたりできますので、お好みに合わせてください。私の好みはヴェトナム産の黒粒こしょうで、ちょっと山椒を思わせる香り。こしょうもインドネシアやマレーシアなど産地によって香りが異なります。既にひいてあるこしょうはすぐに気が抜けてしまうので、家庭では粒の状態でストックし、いつもひきたてを使いましょう。

## マリネの保存容器

マリネは冷蔵庫で出番を待っているわけですが、そのときに入れておくバットやボウルの材質によって冷え方が違うことをご存じですか。マリネして数日冷蔵庫に入れる場合は、プラスチック製ではなく、よく冷える金属製の容器をおすすめします。ステンレスであれば、調味料による変化もなく安心です。非常に強い酸性調味料を使用した場合は、ステンレスの表面に皮膜ができて少し変化しますが、食べ物への影響はなく、磨けばまた元どおりになります。私が愛用しているのは、ラバーゼのバットとボウル。蓋になるプレートがついていますのでマリネに最適。特にバットは蓋のおかげで何段も重ねられるし、場所もとらず、冷え方も抜群。保存できる時間も違ってきます。

※ラバーゼのバットとボウルが通信販売でお求めいただけます。詳しくはp.80をご覧ください。

# 鮭の塩マリネ（自家製の塩鮭）

おいしい塩鮭が食べたくても手に入らなかったときに考えた一品。塩鮭＝鮭の塩マリネだわ！と。私は身のしまった生の天然アラスカ紅鮭と、ゲランドの「フルール・ド・セル（塩の花）」が好みですが、これに限ったことではありません。お好みのいい生鮭とおいしい塩をお使いください。いい塩と鮭さえあれば、明日にはおいしい塩鮭が召し上がれます。私はこのくらいの塩加減が好きですが、これもお好みに合わせてご自由に。できた塩鮭は次ページにご紹介する食べ方のほか、ハーブをまぶしてグリルしたり、焼いてお茶漬けもおいしい。鮭が塩からくなりすぎたら、味をつけない野菜といただくもよし、ご飯やパスタと合わせて塩味の調節をするとよいでしょう。

**材料**
生鮭　500g（半身）
自然塩　大さじ5

**鮭の両面に塩をふる。**
鮭は両面に塩をふり、ざるにのせて下にバットをあて、蓋をして冷蔵庫に1〜2日入れる。
• 鮭を辛塩にしたいときは塩を2〜3割増やし、冷蔵庫に4〜5日おくとよい。
• 鮭を加熱する前に、表面に残った余分な塩は取り除く。さっと流し水で流し、よく水気をふき取ってもよい。

鮭の塩マリネ(p.8)を使って

# 鮭のレモン蒸し

鮭に塩気があるので、塩気を控えめに作った自家製マヨネーズ(p.15参照)と、たっぷりの温野菜といただくとちょうどよいぐあい。レモンの香りが効いています。

**材料(2人分)**
鮭の塩マリネ　2切れ
レモン(薄切り)　6枚
アスパラガス　6〜8本
マヨネーズ(またはグリーンソース)　適量

**1**　蒸し器にレモンを敷いて鮭をのせ、蒸気の上がった蒸し器で10分弱蒸す。
**2**　アスパラガスは根元をピーラーでむいてゆで、マヨネーズかグリーンソース(p.48参照)を添える。

# 鮭のソテー、トマトマリネ

オリーブオイルでこんがりと焼き上げた鮭。冷たいトマトのマリネがソース代りです。トマトマリネはごく薄味で仕上げます。

**材料(2人分)**
鮭の塩マリネ　2切れ
オリーブオイル　大さじ2
オレガノ　2本
トマト(いろいろな種類を混ぜて
　食べやすく切る)　2カップ
A｜オリーブオイル　大さじ3
　｜レモン汁　大さじ2
　｜塩、こしょう　各適量
　｜にんにく(好みで。すりおろす)　少々

1　トマトはAを混ぜ、冷蔵庫に入れておく。
2　フライパンを熱してオリーブオイルをひき、オレガノとともに鮭を両面焼く。特に皮はぱりっと焼く。
3　皿にトマトを敷き、鮭をのせる。

## たらのレモンマリネ、じゃがいもとオーブン焼き

白身の魚とじゃがいもは好相性。たらに限らず白身の魚なら何でも合います。魚のうまみをじゃがいもが吸って美味。どちらかというと魚は味出しで、じゃがいもが主役です。写真のように魚とじゃがいもを交互に並べると全体がカリッと仕上がり、下にじゃがいも、上に魚とレモンにするとじゃがいもはしっとりと魚味に。魚、じゃがいも、レモンの焼ける香りがオーブンから漂い、食欲をそそります。じゃがいもではなく、ゆでた白花豆を使ってもおいしいです。ほどよく冷えた白ワインがぴったり。

**材料(2～3人分)**
生たら(またはさわら、鯛、すずき、
　帆立貝柱など)　2～3切れ
　レモン　2個
　塩、黒こしょう(粗びき)　各適量
じゃがいも　2個
オリーブオイル　大さじ3
塩、こしょう　各適量

**1　魚を塩とレモンでマリネする。**

レモン1個は5mm厚さの輪切りに、もう1個は汁をしぼる。たらは一口大に切り、塩、こしょうをしてレモンの輪切りをはさみ、レモン汁をかけて2～3時間から1日冷蔵庫に入れる。じゃがいもは皮をむいて1cm厚さに切り、5～6分塩ゆでにする。

**2　じゃがいもと一緒にオーブンで焼く。**

キャセロールにたらとレモンの輪切り、じゃがいもを交互に入れる。オリーブオイルをかけ、軽く塩、こしょうをして、210℃のオーブンでこんがり焼き色がつくまでおよそ20～25分焼く。

• トマトのサラダなどを添えるとよい。

# 鯛のにんにく酢マリネ

お刺身用の新鮮な白身魚で作れば、セビッチェ（中南米のレモンやライムでマリネした生の魚介料理）のように生で召し上がれます。ここでは焼き魚用の鯛をマリネしたので、グリルで仕上げました。これを一口大にしてフライや衣揚げにするとスペインのおつまみ、タパスとしても楽しめます。魚は鯛のほか、いさき、すずき、さば、あじなどを使っても。

### 材料
鯛（小ぶりのもの）　2尾
塩　大さじ1〜1½
にんにく（つぶす）　2かけ
酢　⅔〜1カップ

**1 鯛に塩をふる。**
鯛は三枚におろして骨を抜く。両面に塩をふり、網にのせて下にバットをあて、1時間おく。

**2 にんにくと酢でマリネする。**
鯛の塩を水で洗い流し、水気をふいてバットに並べ、にんにくと酢を合わせたものをかける。1時間以上おけば使えるが、蓋をして冷蔵庫で1〜2晩保存できる。
・写真の魚はシーブリーム（sea bream）。イギリスはじめヨーロッパ産のタイ科の総称。皮がかためなので切込みを入れたが、普通は切込みの必要はない。

# 鯛のにんにく酢マリネのグリル、ポテトサラダ添え

魚を焼いてちょっとほぐし、ポテトをフォークでざくざくとくずして混ぜながらいただくとおいしい。ポテトはほっくりとした男爵系を使って。上にあしらったピンクの小さな花は、庭のチャイブ。チャイブの茎を刻んで混ぜてもよいでしょう。ポテトに混ぜるマヨネーズは手作りが一番。素性の知れた素材で作れば安心して食べられます。

**材料（2人分）**
鯛のにんにく酢マリネ　1尾分
じゃがいも　4個
チャイブの花（あれば）　適宜
マヨネーズ（作りやすい分量）
| 卵　1個
| オリーブオイル　1カップ
| 酢　大さじ1
| 塩　小さじ2/3
| こしょう　適量

1　鯛は表面の水分をふいて焼く。
2　卵、酢、塩、こしょうをミキサーに入れてざっと回し、オリーブオイルを少量ずつたらしながら回してマヨネーズを作る。
3　じゃがいもは皮ごと蒸して皮をむく。食べやすくざっくりと割り、マヨネーズを好みの量加えて混ぜ、鯛に添えてチャイブの花をあしらう。

## さばの酢マリネ

**材料**
さば（三枚におろし、
　骨をていねいに抜く）　1尾
塩　大さじ4
酢　適量

### 1 さばに塩をまぶす。
さばは全体に塩をまぶしてざるにのせ、下にバットをあてて2時間おき、塩を流し水でざっと洗い落とし、水気をふく。

### 2 酢でマリネする。
さばをバットに入れて酢をひたひたにかける。蓋をして、時々返しながら2〜3時間から好みで一晩、冷蔵庫におく。食べるときに皮を引き、食べやすく切る。

これはいわゆるしめさばです。写真はドーヴァー海峡のさばで、この辺のさばは細身で脂はのっていませんが、こんなふうにしめさばにしてみたらおいしくいただけました。日本のいいさばを使えばもっとおいしいはずです。お正月には12月中ごろまでにこれを作り、冷凍すると年末仕事が一つ楽になります。冷凍するときは塩と酢の時間を長めにするとよいでしょう。余分な水分が抜けて酢の味がしっかり入るので、冷凍しても味は落ちません。早めにいただくなら塩と酢の時間を短めにした、浅めのしめ加減がおすすめです。そのまま切っていただいても、焼いてもいい。わが家ではしょうがとしそをいっぱい入れた、しめさば混ぜずしも人気。これがあればいろいろできる、万能の作りおきです。あじで作っても。

## さばの酢マリネと赤玉ねぎのサラダ

さばの酢マリネに玉ねぎとケイパーベリーをあしらい、イタリア風の前菜に仕立てました。残ったらこのまま冷蔵しておけば、翌日もおいしく食べられます。私は赤玉ねぎのさわやかな香りとさくさくの歯ざわりが好きでよく使いますが、普通の玉ねぎでもOKです。これを小型バゲットにはさめば、イスタンブールのさばサンドが頭をよぎります。

**材料（2人分）**
さばの酢マリネ　1枚（半身）
赤玉ねぎ　1個
オリーブオイル　大さじ3〜4
ケイパーベリー　適量
黒こしょう（粗びき）　適量

1　さばの酢マリネは食べやすくそぎ切りにする。赤玉ねぎは輪切りにし、辛みが強ければ冷水につけて辛みをやわらげ、水気をよくきる。
2　ボウルにすべての材料を入れて軽く混ぜ合わせる。
●ケイパーベリーはフウチョウソウ科のつぼみ（ケイパー）が開花したあとの実。酢漬けで市販され、輸入食材店などで手に入る。

# えびのとうがらしハーブマリネ

明日はバーベキュー、という日には前日からこうして材料をマリネしておきます。材料はそのときの気分で変えてください。にんにく、しょうが、スパイスやハーブなど好みに合わせて自由自在に味を変えるだけでなく、魚、肉と主材料も自由に変えられるのがマリネのいいところです。炭火で焼き網、グリル、フライパン、オーブンなど、焼き方も自由に。お手持ちのもので焼いてください。

**材料**
ブラックタイガー
　（または車えび）　8尾
A｜赤とうがらし
　　（種を取って小口切り）　2～3本
　　タイム（刻む）　5本
　　レモン汁　大1個分
　　塩、こしょう　各適量
　　オリーブオイル　大さじ3

**1　えびの下処理をする。**
えびは背にキッチンばさみで切込みを入れ、後で食べやすくする。

**2　えびをマリネする。**
バットにえびを入れ、Aを加えてよく混ぜて、そのまま2～3時間から一晩おく。

**3　焼く。**
よく熱した網、グリル、フライパンなどでえびを焼く。

## えびと豆のマリネ

えびやたこと豆やじゃがいも、つまり魚介と炭水化物が多く含まれる野菜はよく合います。炭水化物がうまみを吸っておいしくなるのです。このマリネに玉ねぎ、レモン、オリーブオイルは欠かせない存在。マリネして2〜3日はおいしくいただけます。ここではアボカドを後で加えました。トマトやきゅうりでもいいでしょう。

**材料（2〜3人分）**
大正えび　中8尾
赤玉ねぎ（薄切り）　1/3個
セロリ（薄切り）　1本
ひよこ豆（ゆでたもの）　1/2カップ
レモン汁　1個分
オリーブオイル　大さじ3
塩、こしょう　各適量
アボカド　1個

### 1　マリネする。
えびは背わたを取り、塩ゆでにして殻をむく。ボウルにアボカド以外のすべての材料を入れてあえ、冷蔵庫に1時間以上おく。時間をおくときは、塩味をやや濃くしておくと傷みにくい。

### 2　アボカドを加える。
このままでもよいが、いただくときにアボカドを食べやすい大きさに切り、レモン汁（分量外）をかけたものを加えて混ぜる。

# いかと鶏の
# ピリピリソースマリネ

魚介と鶏の両方をマリネしました。あらかじめ用意しておけるので、バーベキューにももってこい。口の中がかーっとするぴり辛味ですが、うまみのある辛さです。舌をなだめるために、にんじんのはちみつ焼きを添えます。辛いと甘いを交互に召し上がってください。

**材料(4人分)**
小いか　8ぱい
鶏胸肉　2枚
ピリピリソース(p.24参照)　大さじ山盛り2〜3
オリーブオイル　大さじ3

### 1 いかの下処理をする。
小いかは胴と足を分け、足から内臓を切り落とし、胴と足をきれいに洗う。

### 2 いかと鶏をマリネする。
小いかと鶏にピリピリソースとオリーブオイルを混ぜ、2〜3時間から一晩冷蔵庫におく。

### 3 焼く。
グリルを熱し、小いかと鶏をこんがりと中まで焼く。
・網焼きにしてもよいし、フライパンに油をひいて焼いてもよい。

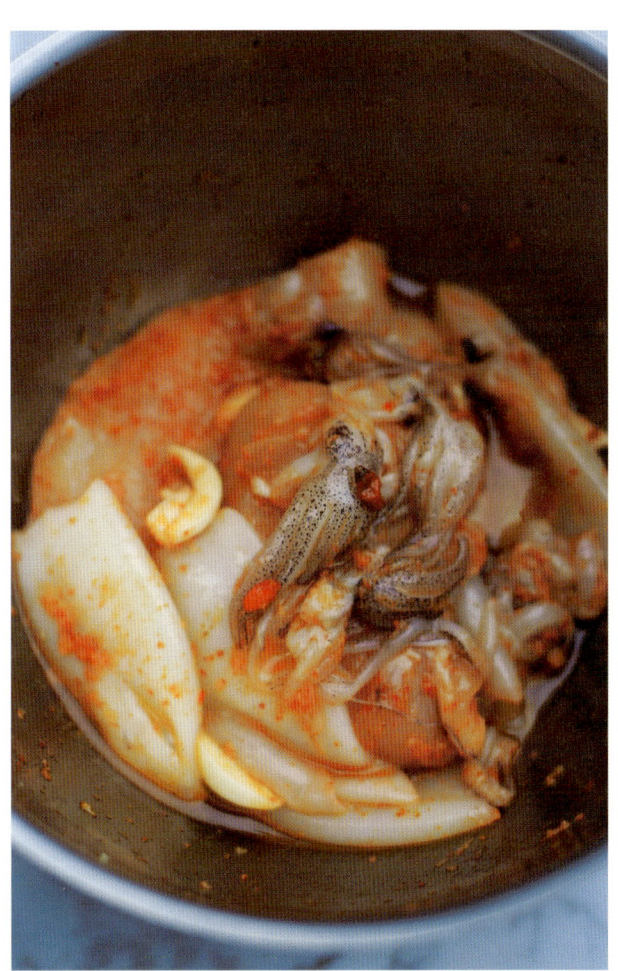

## にんじんのはちみつ焼き

**材料(4人分)**
にんじん　4〜5本
A｜はちみつ　大さじ3〜4
　｜オリーブオイル　大さじ3
　｜塩、こしょう　各適量

1　にんじんは約1cm角の棒状に切り、Aをよくまぶす。
2　天板ににんじんを並べ、200℃のオーブンで焼き色がついてやわらかくなるまで約20分焼く。
・辛い料理に添えるとよい。

ポルトガルにひかれて、何度か旅をしました。ポルトガルのどこへ行っても食卓に必ず置かれている調味料、それがピリピリソース(PIRI-PIRI-SAUCE)です。日本で「辛い」を意味する「ピリピリ」、実はポルトガル語だったのですね。レシピは各家庭、各レストランで全部違います。オイルではなく水やビネガーを使ったところもありました。ピリピリソース用のとうがらしは、長さ1cmくらいのとても小さなもの。小さければ小さいほど辛いのですが、日本のとうがらしでも充分にできますし、とうがらし粉でも作れます。作って数日おいたほうが味がなれてきます。七味やラー油のように使ってもよいし、マリネに使うと料理がたちまち刺激的に。イタリア南部にもピリピリに似たソースがあり、世界中にとうがらしのソースがあるといっても過言ではないでしょう。辛みを控えたいときは、辛くないパプリカと割ってもよく、よりフレッシュなとうがらしの香りを好むときは、生のとうがらしを刻んで加えます。オリーブオイルやとうがらしは随時足してよいのです。いつもきらさず、まるで日本人にとってのぬか床のような存在です。

# ピリピリソース(とうがらしソース)

**材料**
とうがらし粉　大さじ5
　（赤とうがらしを20本ほど使っても）
オリーブオイル　2/3〜1カップ
塩　大さじ1 1/2〜2
にんにく（すりおろす、
　またはつぶす）　3かけ

材料をすべて混ぜ、瓶などに入れる。すぐに使えるが、1か月くらいたつと味がまろやかになり、おいしくなる。発酵するので、保存は冷蔵庫が安全。

南蛮漬けを作っておけば、あとはご飯を炊いて青菜のおひたしでもあれば、すぐご飯になります。家族が大勢のときは、いつも魚か鶏の南蛮漬けが冷蔵庫にありました。作ったその日はメインに、翌日からはちょっとした一品になるので食卓が充実します。やや濃いめの味つけで日もちもしますので、便利この上ない作りおきおかずです。小魚は酢につかっていると骨もやわらかくなり、頭から全部食べられます。南蛮漬けのたれを作っておくといつでも作れて、これまた重宝です。南蛮漬けにねぎは欠かせませんが、玉ねぎ、長ねぎ、青ねぎなど種類を替えるだけで味も見た目も変わります。赤とうがらしではなく七味たっぷりもおいしいものです。4〜5日は冷蔵庫で大丈夫。

南蛮漬け2種

# 魚と玉ねぎの南蛮漬け

**材料**
あじ(または鯛、さわら、さばなど。三枚おろし)　中1尾
揚げ油　適量
玉ねぎ(5mm幅に切る)　大1個
赤とうがらし(細切り)　1〜2本
A｜米酢　大さじ4
　｜しょうゆ　大さじ3
　｜砂糖　大さじ1〜2
　｜水　大さじ2〜3

**1 マリネ液を作る。**
バットにAを合わせる。

**2 あじを揚げる。**
あじの水気をふき取って、高温の揚げ油でかりっと素揚げにする。

**3 マリネする。**
揚げたてのあじをマリネ液につけ、玉ねぎ、赤とうがらしもマリネ液がからむようにしてつける。玉ねぎがしんなりとしてからいただく。

# 鮭の南蛮漬け

**材料**
生鮭　3〜4切れ
揚げ油　適量
青ねぎ(5cm長さに切る)　3〜4本
　(長ねぎなら1本)
赤とうがらし(縦半分に切る)　2〜3本
A｜米酢　大さじ4
　｜しょうゆ　大さじ3
　｜砂糖　大さじ1〜2
　｜水　大さじ2〜3

**1 マリネ液を作る。**
バットにAを合わせる。

**2 鮭を揚げる。
青ねぎは網焼きにする。**
鮭は食べやすく切って水気をしっかりとふき取り、高温の揚げ油でかりっと素揚げにする。

**3 マリネする。**
揚げたての鮭を青ねぎ、赤とうがらしとともにマリネ液につける。

# まぐろのみそマリネ（みそ漬け）

まぐろの赤身をみそに漬けます。みそは娘の手作り、甘みはメープルシロップです。みりんを使うのが普通ですが、ここではあえてやわらかなメープルシロップの甘みを使ってみました。メープルシロップは、かえでの樹液のみが原料の天然調味料です。和食に必要なちょっとした甘みに、私はよくメープルシロップを使います。イタリアにいるときはみそ、赤ワイン、メープルシロップで地中海まぐろのみそ漬けを作ってみましたが、これも悪くありませんでした。

**材料（4人分）**
まぐろ（またはぶりなど
　少し脂のある魚がおいしい）　4切れ
みそ　大さじ4～5
メープルシロップ　大さじ2～3
　（またはみりん大さじ3）

**1　まぐろをマリネする。**
みそとメープルシロップをよく混ぜて、魚の両面につける。バットに入れて蓋をし、冷蔵庫に1～2晩おく。

**2　焼く。**
まぐろのみそを取り除き、グリルで焼く。

# 白身魚の ごまじょうゆマリネ

**材料(4人分)**
白身魚の刺身　4人分(200～250ｇ)
金ごま(または白ごま)　½カップ強
おろしわさび　大さじ1
しょうゆ　大さじ3～4
オリーブオイル(またはごま油)
　大さじ2

**1　ごまをする。**
ごまはフライパンや鍋で香りが出るまで焦がさないようにいる。すり鉢に移し、粒がなくなるまでする。

**2　マリネする。**
刺身をボウルに入れ、ごま、わさび、しょうゆ、オリーブオイルを加えて混ぜる。

ごまじょうゆでつけ込んだ刺身は、鯛茶漬けでおなじみです。これにオイルを加えたら、炊きたての白飯に最高の取合せに。お茶漬けにするならオイルは入れないで作ってください。どちらの場合も、上にもみのりをのせてもおいしい。お刺身が余ってしまったときなど、このごまじょうゆマリネにして、翌日はたっぷりの白髪ねぎやしその葉、みょうがなどを添えて召し上がってください。これは長く保存するものではなく、ごまやわさびの香りが高い作りたてをいただきましょう。わさびやごまの香りが飛んでも、新鮮な薬味があるとまた生き返ります。

# いかの酒塩マリネ

これはいつも台所仕事のついでにやっておきます。その日に食べなくても明日、明後日においしくなるのです。身の薄い小いかならそのままでよく、少し厚みのあるものは表面にかのこに包丁で切れ目を入れておくと食べやすく、味もつきやすくなります。もう一品欲しいときに、焼いて粉ざんしょうや七味をふれば、いい酒の肴になります。私はお弁当のおかずに、母によく入れてもらいました。

**材料**
いか　1ぱい
日本酒　大さじ4
塩　小さじ1

**1　いかの下処理をする。**
いかは内臓と足をはずし、胴体からえんぺらをはがして切り開き、縦半分に切る。胴体の表面にかのこに包丁を入れる。

**2　マリネする。**
バットにいかを入れて塩をふり、酒をかける。このまま冷蔵庫で2〜3日保存できる。

**3　焼く。**
焼き網を熱してからいかをのせてこんがりと焼き、食べやすく切る。写真で添えたものは根曲り竹の網焼き。ししとうやアスパラガスを焼いて添えても。

# たこのしょうが酢マリネ

たこをしょうが酢につけておくと便利です。3〜4日は日もちするうえ、そのままちょっとした箸休めや酒の肴になります。ここでは和風の正当派のきゅうりの塩もみと合わせました。酢と塩だけにつけておいても、また違った楽しみ方があります。にんにくやごま油とコチュジャンを加えて韓国風に仕立てたり、オリーブオイルやトマトを加えてイタリア風にしても。ゆでたじゃがいも、ケイパー、オリーブオイルと合わせるとイタリアのリグーリアの代表的な料理にも変身します。いろいろ楽しみたければ、基本的に酢と塩につけておけばよいわけです。

### 材料
ゆでだこの足（刺身用）　2本
しょうが（すりおろす）　大1かけ
米酢　大さじ3〜4
しょうゆ　大さじ2

### マリネする。
たこを薄切りにしてボウルに入れ、その他の材料を加えて混ぜる。

### たこときゅうりの酢の物（4人分）
きゅうり2本は薄い輪切りにして濃いめの塩水に浸す。しばらくおいてきゅうりがしんなりしたら絞って水気をきり、たこのしょうが酢マリネ1本分と合わせて、たこのマリネ液を少々かける。

## あじの干物の梅干しマリネ

焼いた干物が残ったら、ちょっとほぐしてこれを作ります。こうしておけば明日の酒のつまみに、お弁当のおかずに、お茶漬けにと重宝します。家庭のご飯は毎日の流れの中からできてくるものです。昨日の残りがあればそれを生かし、マリネしておいたものがあれば今日はそれを焼き、という流れです。それが家庭料理というものではないでしょうか。ちょっとした心づもりがあれば、台所仕事はずっと楽になるはず。毎日一から作る必要はありません。

**材料**
あじの干物　1枚
梅干し　大1個
酒　大さじ1
切り昆布（または半ずりごま）　適量

**1  あじをほぐす。**
あじは焼いて、骨を除いてほぐす。梅干しは種を除き、果肉を刻む。

**2  マリネする。**
ボウルに材料をすべて合わせる。冷蔵庫で保存し、2日くらいおいしくいただける。いただくときにしその葉やみょうがなどを刻んで加えると香りがよい。

# 牛肉の鍋ローストマリネ

かたまり肉のローストは、オーブンを使わなくてもきっちりと蓋のできる厚手鍋があれば大丈夫。どなたでも手軽においしくできるのがいいところです。牛ヒレはいちばんやわらかいところですが、かみしめてうまみが出てくる赤身もおいしい。部位の選び方がわからなければ肉屋さんに相談するのも手です。ローストした肉は焼上りをすぐに切ってはいけません。粗熱を取ってから切るのが鉄則。そうしないとおいしい肉汁が一気に出てしまって、元も子もありません。そのままいただいて、残ったらマリネするというより、マリネ分を余計に焼くというのが、うちでは本当のところです。脂の少ない部位がマリネに向いているのは、冷めても脂が固まらないからです。普通にローストビーフとして楽しんだら、あとは一味違うマリネ料理でもう一度楽しみましょう。

**材料**
牛ヒレ肉(ランプもよい。かたまり) 600g
自然塩、黒こしょう(粗びき) 各適量
オリーブオイル 大さじ2〜3
A │ しょうゆ ⅓カップ強
　│ にんにく(すりおろす) 1〜2かけ

## 1 肉に塩とこしょうをすり込む。

## 2 肉を焼く。

熱した鍋にオイルを入れ、肉を入れて全面を転がしながら強火で焼き、焼き色がついたら中火弱にして、蓋をして時々転がしながら15分ほど焼く。蓋をしたまま粗熱を取る。
・焼き加減は中心に串を刺してピンク色の汁が上がってくるくらいがよい。よく焼けた肉が好みなら、あと5〜6分加熱し、串を刺してみて、うっすらピンクがかった汁が上がってくればよい。

## 3 焼いた肉をマリネする。

ボウルにAを合わせ、焼いた肉をつけておく。
・保存は密閉袋に入れ、肉全体にマリネ液が回るように時々位置を変える。いただいた都度しょうゆを少し補っておくと、冷蔵庫で3〜4日は日もちする。

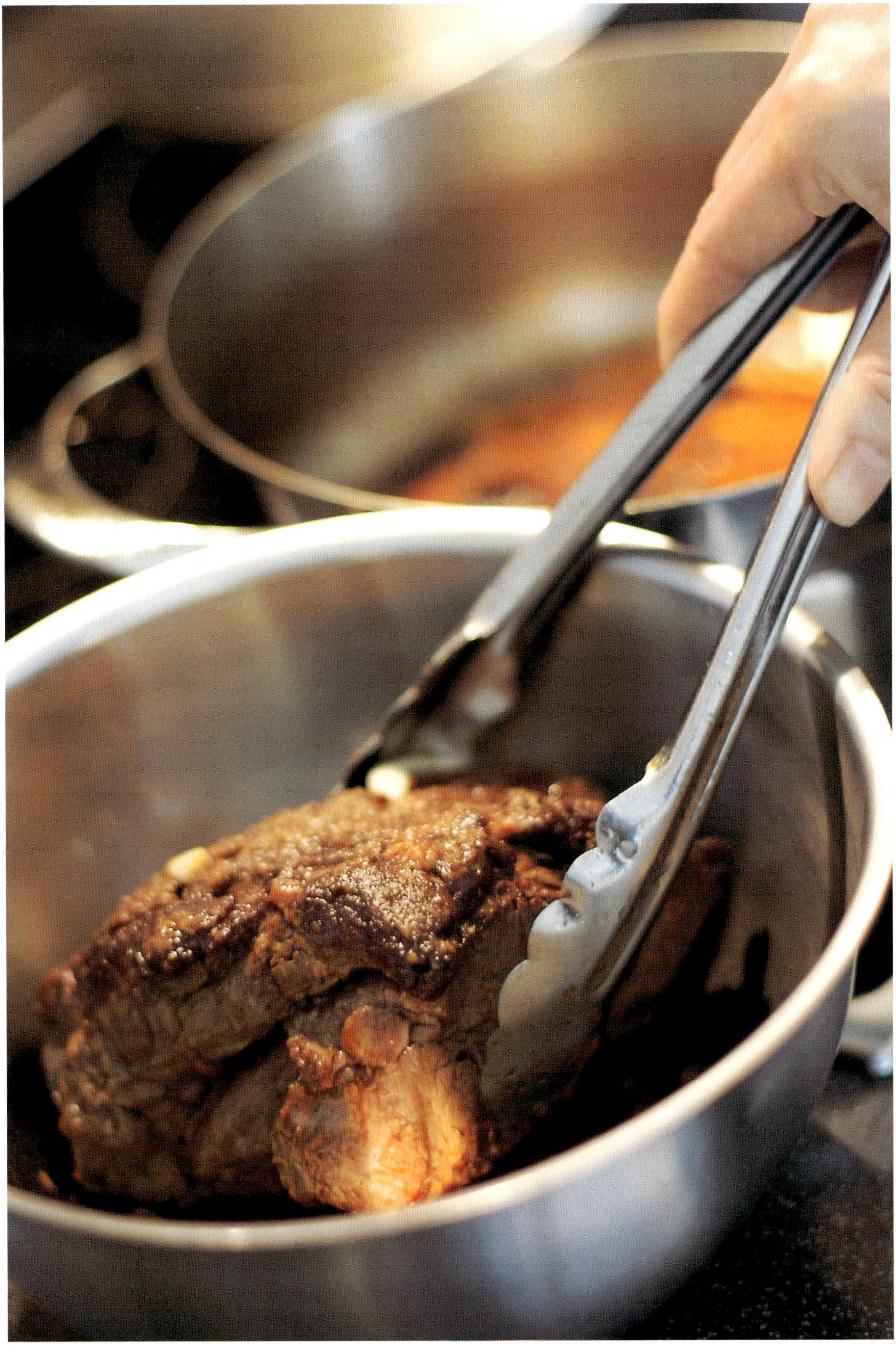

牛肉の鍋ローストマリネ(p.36)を使って

# 牛肉の粒マスタードあえ

牛肉のマリネを粒マスタードであえたら、野菜を加えましょう。今日はクレソンですが、さっとゆでたキャベツやブロッコリーと合わせるのもわが家では人気です。とびきりのごちそうのときは、歯ごたえを残して蒸したゆり根を合わせます。旬のたけのこが相方なら、ここに木の芽をひとつかみほど、たたいて加えます。

**材料(4人分)**
牛肉の鍋ローストマリネ　200〜250g
A｜粒マスタード　大さじ1強
　｜オリーブオイル　大さじ2
　｜しょうゆ　小さじ1$\frac{1}{2}$
　｜レモン汁(または酢)　小さじ1$\frac{1}{2}$
クレソン　ひとつかみ

1　牛肉は薄切りにしてボウルに入れ、Aを加えてよく混ぜる。
2　クレソンを食べやすく切って、牛肉とともに盛る。

## 牛肉のゆずこしょうだれ

牛肉のうまみと、アボカドのねっとり感が豊かな味わいです。赤ワインはもちろん、しっかりした白ワインにもいいですね。これをご飯にのせて丼もいけます。

**材料(4人分)**
牛肉の鍋ローストマリネ　200g
アボカド　1〜2個
レモン汁　1個分
A｜ゆずこしょう　小さじ1
　｜オリーブオイル　大さじ3〜4

1　牛肉は食べやすく薄切りにする。アボカドも食べやすく切り、レモン汁をたっぷりとかけておく。
2　Aを混ぜ合わせてドレッシングを作る。好みでしょうゆを小さじ1ほど入れてもよい。
3　器にアボカドを盛り、上に牛肉をのせて、2のドレッシングをかける。

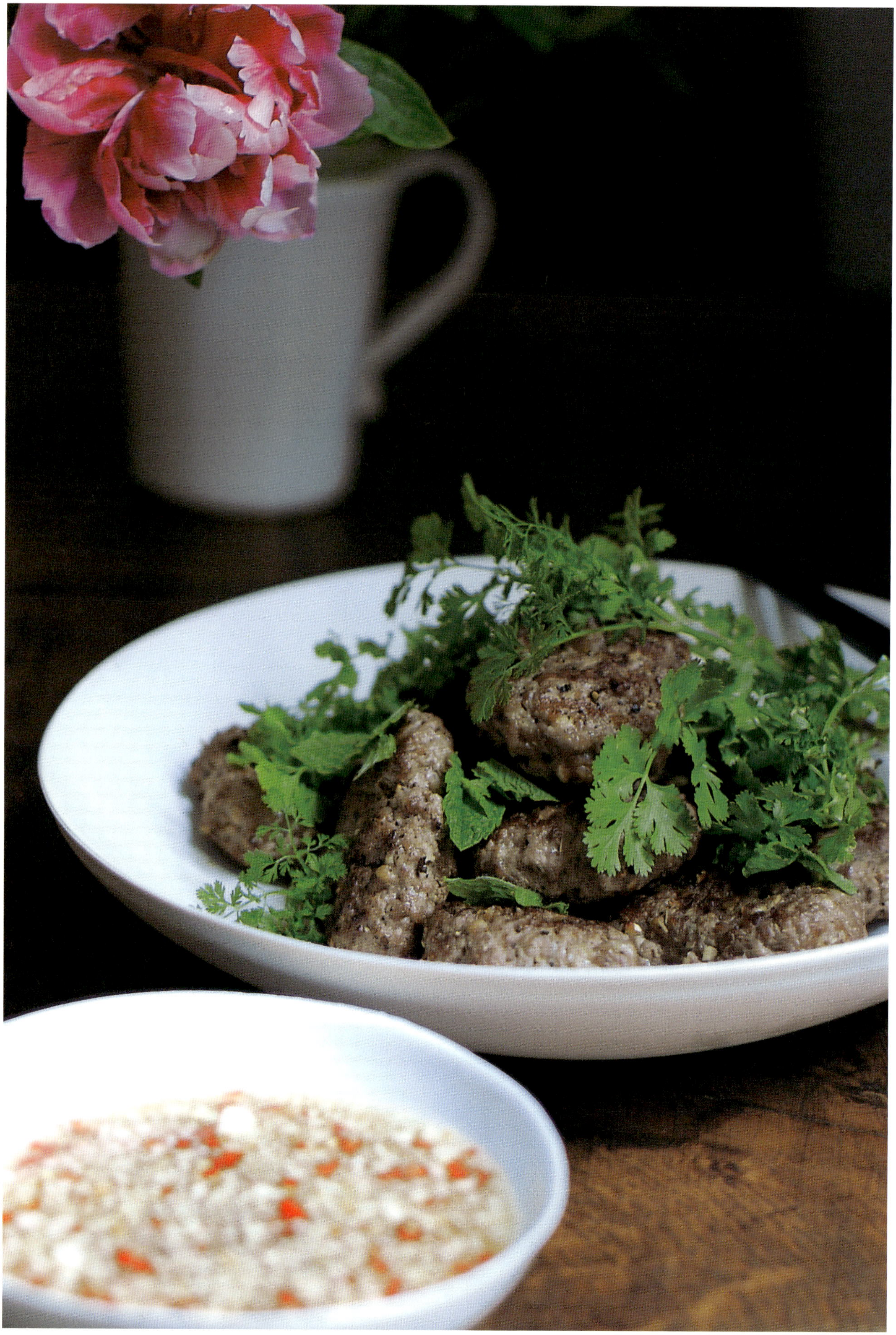

# 牛肉のヴェトナム風マリネ

まだヴェトナム料理がこんなに人気になる前、今から15年くらい前のこと、旅で訪れたサイゴンの焼き肉屋で食べたこの味が忘れられずに、お店の人にきいて作ったのがこのマリネ。今ではレモングラスの入手は簡単ですが、その当時は半分乾いたようなレモングラスを現地から持ってきて、水に根気よくつけ、根を生やしてから植木鉢でふやしていきました。調味料のヌクマムはナンプラーで代用してもかまいません。ここではひき肉を使いましたが、焼き肉用を同様にマリネしても。

**材料**
牛ひき肉(豚ひき、合いびきでもよい)　400〜500g
A｜レモングラス(みじん切り)　2本
　｜にんにく(すりおろす)　1かけ
　｜メープルシロップ　大さじ1〜2
　｜　(または赤砂糖少々)
　｜ヌクマム　大さじ3〜4
　｜黒こしょう(粗びき)　適量
香菜　適宜
ヌクチャム
　｜にんにく(みじん切り)　1かけ
　｜赤とうがらし(みじん切り)　1〜2本
　｜ライムのしぼり汁
　｜　(またはレモン汁か米酢)　大さじ3
　｜ヌクマム　大さじ3
　｜水　大さじ2〜3
　｜メープルシロップ(または砂糖)　大さじ1〜1½

### 1 牛肉をマリネする。
ひき肉にAを加えてよく混ぜ合わせ、1時間以上冷蔵庫でマリネする。

### 2 焼く。
小さなハンバーグ形にし、グリルやフライパンで焼く。皿にとり、香菜を刻んでたっぷりとのせる。

### 3 つけだれを作る。
ヌクチャムの材料を合わせて添え、つけながらいただく。

# 焼き肉

焼き肉もたれにつけてマリネしておいたほうがおいしくいただけます。ただ、市販の焼き肉のたれは、気に入ったものがなく、やはり手作りが一番です。甘みも控えられますし、素性が知れた材料を使うから安心です。少しも難しいことではないので、焼き肉が好きな方はたれを手作りしてはいかがでしょう。作って冷蔵庫に保存すれば味がなれておいしくなり、1か月は楽にもちます。うちのは酒が多いので甘さは控えめ。甘いのを好む方は、酒を使わず、全部みりんでお作りください。たれは途中で足りなくなってもすぐにはできないので、多めの分量になっています。牛肉に限らず、他の肉類、また、なすや玉ねぎなどの野菜をこのたれにつけておいて焼いてもおいしい。基本的なたれのみ保存し、ごまやねぎは新鮮な香りが大切なので、使うときに入れましょう。

### 材料
牛肉（焼き肉用）　300g
焼き肉のたれ（作りやすい分量）
　日本酒、みりん　各½カップ
　　（酒なしの場合はみりん1カップ）
　しょうゆ　1カップ
　にんにく（すりおろす）　2〜3かけ
　しょうが（すりおろす）　2かけ
すりごま、長ねぎ（刻む）　各適量

### 1　たれを作る。
日本酒とみりんを鍋で沸騰させ、火を入れるか3〜4分沸騰させてアルコール分を飛ばす。しょうゆを加えて再度沸騰させて火を止め、にんにくとしょうがを加える。

### 2　マリネする。
牛肉をバットに広げてたれ大さじ5をかけ、2時間ほどマリネする。

### 3　焼く。
熱した焼き網で牛肉を焼く。

### 4　つけだれを作る。
たれ適量に、すりごま、長ねぎを加え、焼いた肉をレタスなどの葉で巻いて、つけながらいただく。好みでコチュジャンやとうがらし粉を入れてもよい。

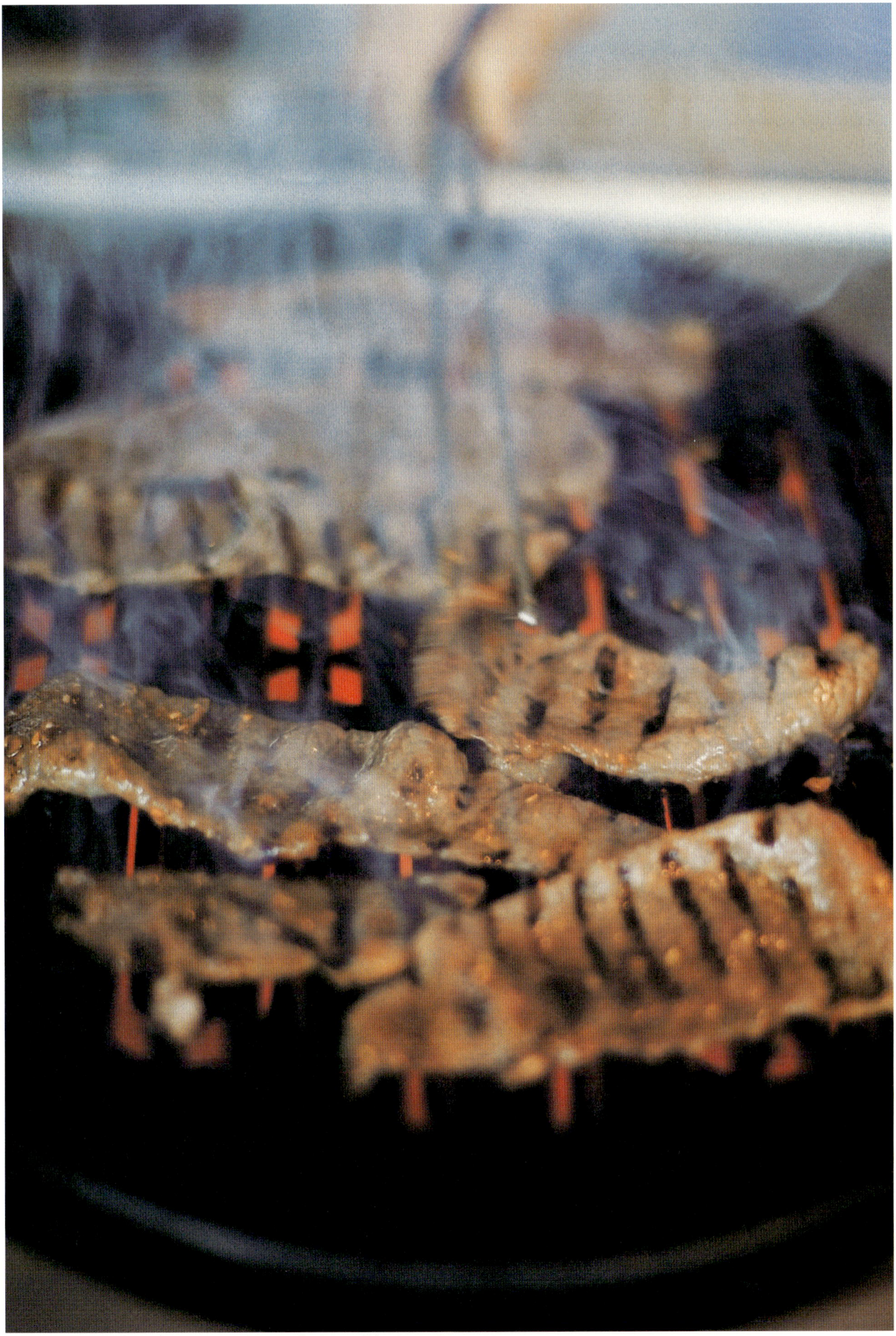

わが家の定番、玉ねぎドレッシングはとても便利。マリネ液としても使えます。肉類はゆでて脂を落とし、そこに良質のオイルで作ったマリネ液をしみ込ませ、しっとり、さっぱりといただく方法です。ここでは、庭の木の芽をたたいてたっぷり加えてみました。お肉は少なめにして、ほかの野菜をたくさん入れるのもいい方法です。野菜はセロリ、きゅうり、ブロッコリー、トマト、ゆでたじゃがいも、ごぼう、にんじん、蓮根などなど、たいていのものは合います。肉も鶏や豚、また魚介でもかまいません。いろいろ使い方の広がるドレッシングです。肉は包丁で切るより手で裂くと、味がよくしみ込みます。

## 牛すねの玉ねぎドレッシングマリネ

**材料**
牛すね肉（かたまり）　400g
長ねぎ、しょうが　各適量
玉ねぎドレッシング（作りやすい分量）
　玉ねぎ（ざく切り）　大1/2個
　米酢　1/2カップ
　ごま油　1/2〜2/3カップ
　塩　小さじ2
　こしょう　適量

**1　肉をゆでる。**
圧力鍋に牛すね肉、長ねぎ、しょうがを入れ、かぶるくらいの水を加えて15分加熱し、やわらかくゆでる。

**2　マリネ液を作る。**
玉ねぎドレッシングの材料をすべてミキサーに入れ、なめらかになるまで撹拌する。

**3　ゆでた肉をマリネする。**
ゆでた牛すね肉は食べやすく裂き、玉ねぎドレッシングを適量加えてあえる。いただくときに刻んだ木の芽をたっぷり混ぜる。

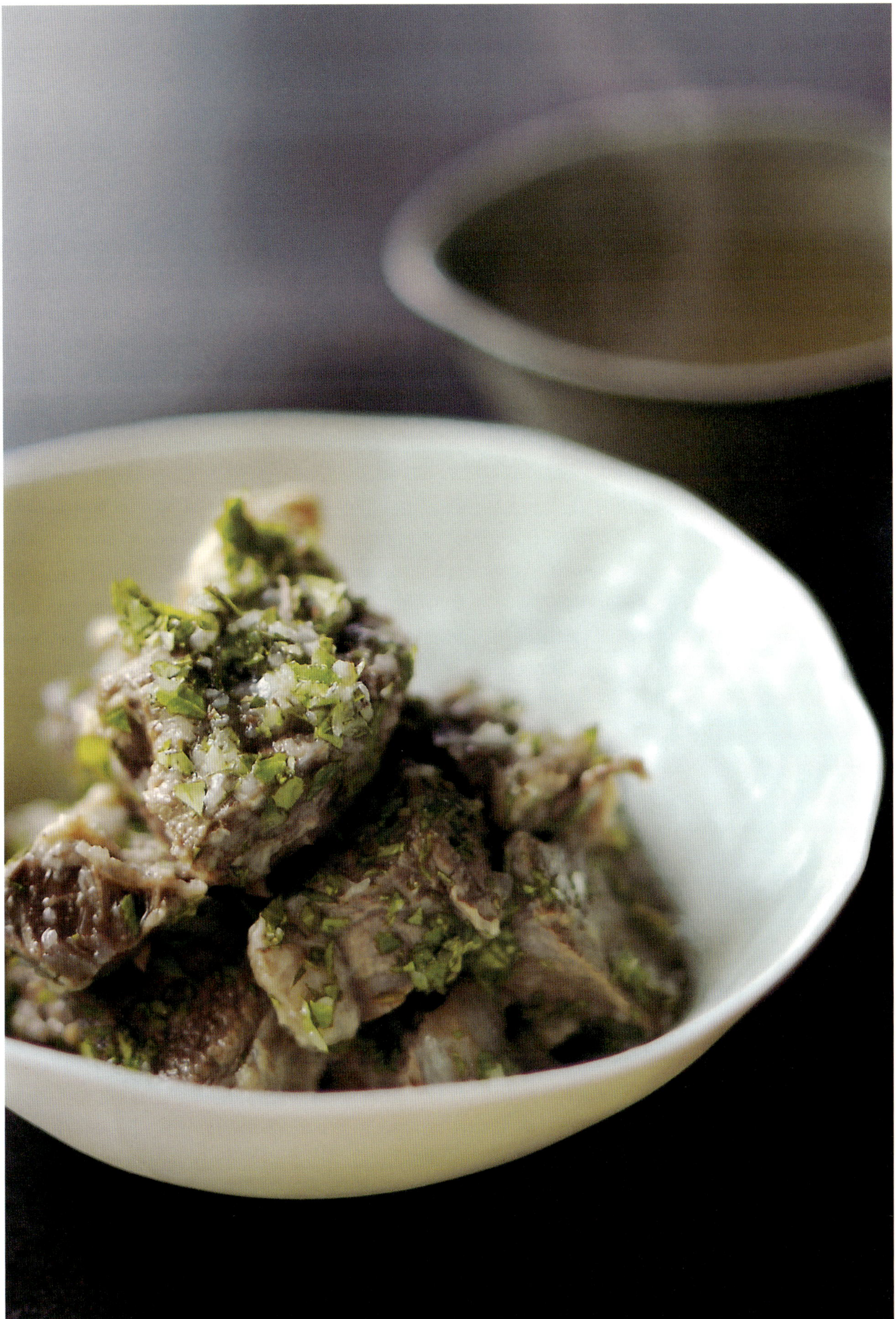

## 豚肉のみそマリネ

チャーシューにメープルシロップ？　不思議に思われるかもしれませんが、メープルシロップの甘みはとても自然でまろやか。こんな料理にも私はどんどん使います。これはわが家風チャーシューで、肉の厚みは4cmくらい。肉の繊維にそって長方形に切るのがこつ。オーブンに入れたら最初の13分くらいで焼き色がついてきますから、ここでもう一度マリネ液に浸して焼くと、もっとこんがりとおいしそうに焼き上がります。みそやメープルシロップの量は、お好みで加減してください。オーブンは最初に充分熱しておき、天板に網をのせて、その上に肉を置いて焼くと、表面全体がかりっと焼き上がります。

**材料**

豚肉（肩ロース、ロースなど。かたまり）　700g
A ┃ みそ　1/3カップ
　 ┃ 紹興酒　1/2カップ
　 ┃ にんにく（すりおろす）　2かけ
　 ┃ しょうが（すりおろす）　1かけ
　 ┃ しょうゆ　大さじ2
　 ┃ メープルシロップ　1/5カップ
　 ┃ 　（またはブラウンシュガー大さじ2）

### 1　豚肉をマリネする。

肉は厚みを繊維にそって4cmくらいに切る。バットにAを混ぜ合わせ、豚肉を入れてよくまぶしつけ、冷蔵庫に1～2日おく。

### 2　マリネした肉を焼く。

オーブンは220℃に熱し、網に豚肉をのせて13～14分焼く。いったん取り出してマリネ液につけ、上下を返してさらに13～14分焼く。全体がこんがりと焼けたらでき上り。

・焼き上がったら粗熱を取ってから薄く切る。レタスやサラダ菜、白髪ねぎなどを添える。レタスで肉とねぎを巻いて食べてもおいしい。

・使い終わったマリネ液は肉汁が出て傷みやすいので再度使うことはできない。

# 豚ヒレ肉とマッシュルームの
# ハーブマリネ

豚肉や鶏肉はハーブでマリネしておくとおいしくなるばかりでなく、日もちがします。鶏のもも肉をローズマリー、タイム、オリーブオイルでマリネしてバットに入れ、1週間そのまま冷蔵庫においていたことがあります。たまたま食べるチャンスを逸してこうなったのですが、これが思いのほかおいしく、ローズマリーの保存力に驚きました。「肉類とローズマリーと塩、こしょう」これは最強の組合せです。食べる日にちが確定できなかったら、肉だけをマリネし、マッシュルームは焼くときに加えます。マッシュルームの代りにしいたけやエリンギなどほかのきのこでもよく、また、きのこに限らず、かぼちゃ、ズッキーニ、じゃがいもなどを一緒に焼いてもおいしくいただけます。

### 材料
豚ヒレ肉（かたまり）　400g
A｜ローズマリー（刻む）　4本
　｜タイム（刻む）　5本
　｜ローリエ（ちぎる）　3枚
　｜レモン汁　大さじ2〜3
　｜にんにく（つぶす）　3〜4かけ
　｜自然塩（好みのもの）　大さじ1
　｜黒こしょう（粗びき）　適量
　｜オリーブオイル　大さじ4〜5
マッシュルーム　7個
グリーンソース
　｜パセリ、ルッコラ、バジル、
　｜　ディルなど2〜3種類　ひとつかみ
　｜オリーブオイル　大さじ4
　｜塩、こしょう　各適量

### 1　豚肉をマリネする。
肉は1cm厚さに切り、Aを加えてよく混ぜてマリネし、冷蔵庫に半日から一晩おく。

### 2　マッシュルームを加えて焼く。
マッシュルームを半分に切って1に加え、フライパンを熱して肉とマッシュルームを焼く。

### 3　グリーンソースを作る。
材料をすべてミキサーにかけてグリーンソースを作り、皿に盛った肉とマッシュルームにかける。グリーンソースの代りにレモンをしぼっていただいてもおいしい。

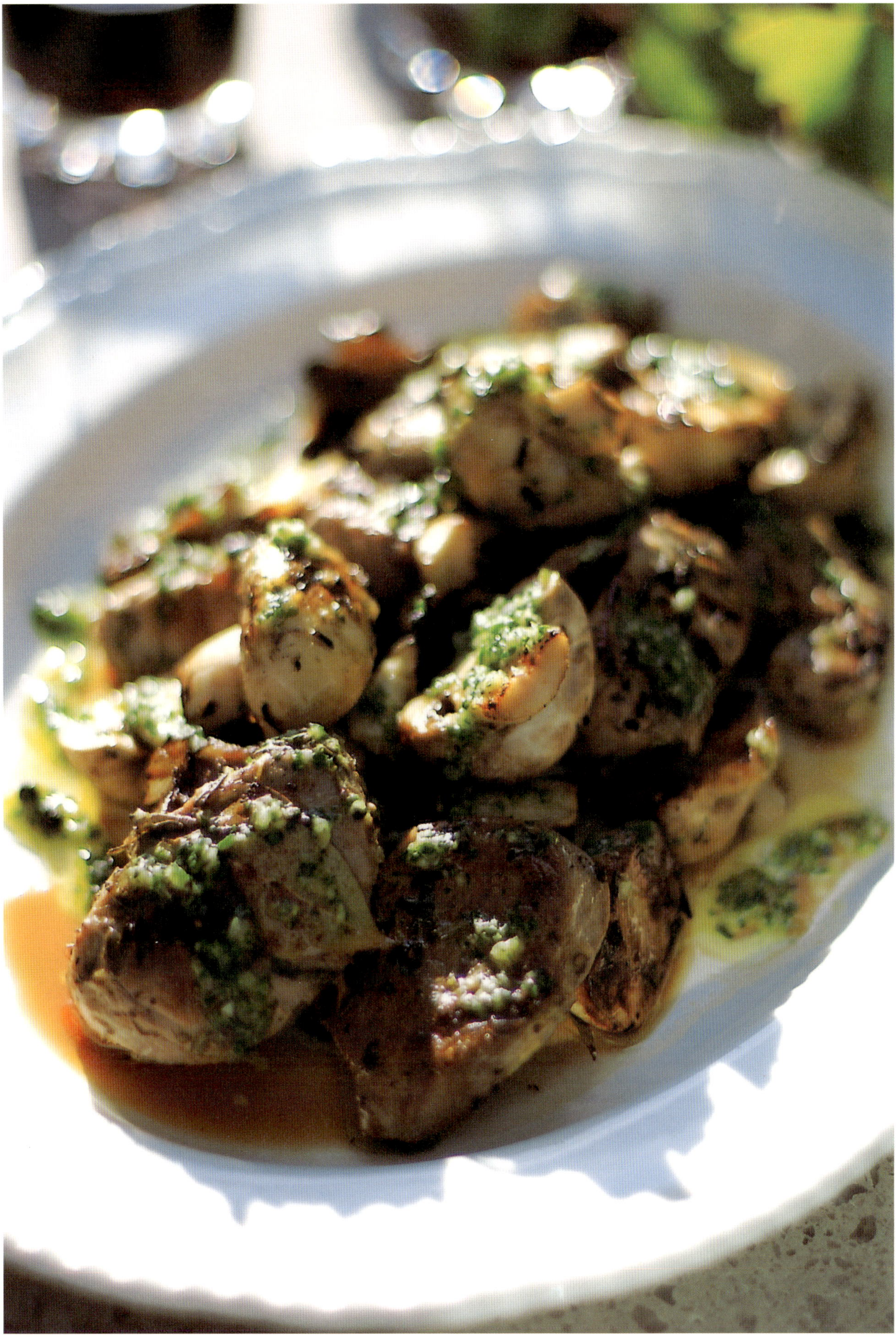

# 豚ひき肉のチョリソ風

ひき肉は保存しにくい素材の一つ。ドライソーセージのチョリソは、ひいた肉にスパイスや塩を混ぜて1日おいて作ると聞き、つまりこれはひき肉をマリネして、よりおいしくする工程なのだと思いました。チョリソは辛いパプリカをたくさん使いますが、ローズマリーや粒こしょう、にんにくをたっぷり使えばイタリアのサルシッチャです。ひき肉を店頭で買うと、どの部位が入っているのかわかりません。そこでうちではこのごろ、ひき肉といえばかたまり肉から作ります。こうすれば、肉の細かさは好みでごろっとした部分も入れられて、肉のうまみとかみごたえを両方楽しむことができます。
このまま、まとめてフライパンやグリルで焼いてもおいしく、ピーマンなどに詰めて焼くと、ちょっとスペイン風です。

**材料**
豚肩ロース肉（かたまり）　400g
パプリカ　大さじ3〜4
カイエンペッパー
　（または赤とうがらしのみじん切り）　小さじ1〜2
塩　小さじ1½
黒こしょう（粗びき）　適量
にんにく（みじん切り）　2かけ
赤玉ねぎ（粗く刻む）　⅓個
オリーブオイル　大さじ1

### 1　豚肉をひく。
豚肉はフードプロセッサーで少しかたまりがあるくらいに粗くひく。肉屋さんで部位を指定して粗くひいてもらってもよいし、包丁でたたいてもよい。

### 2　肉をマリネする。
粗くひいた肉に他の材料をすべて加えてよく混ぜ合わせ、半日から1日冷蔵庫におく。
・マリネした肉は冷蔵庫で2〜3日はもつが、薄いハンバーグ形にして冷凍してもよい。

### ピーマン詰め焼き
どんなピーマンを使ってもOK。大きいピーマンを半分に切り、種を出して2を詰め、200℃のオーブンで25〜30分焼く。上部がこんがり焼ければよい。
・焼いたものが残ったら、さらにトマト煮込みにしていただくと、また違った味わいが楽しめる。

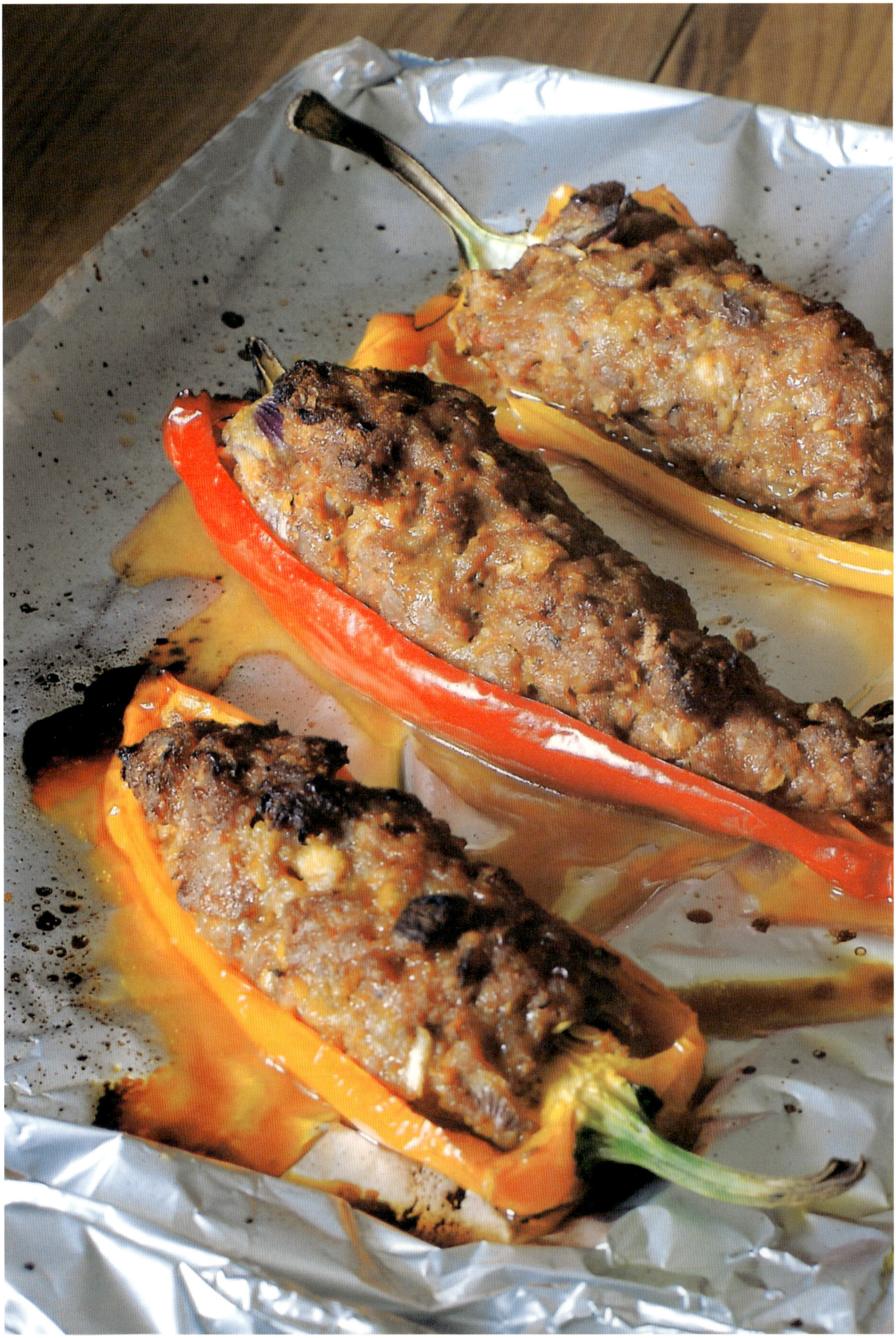

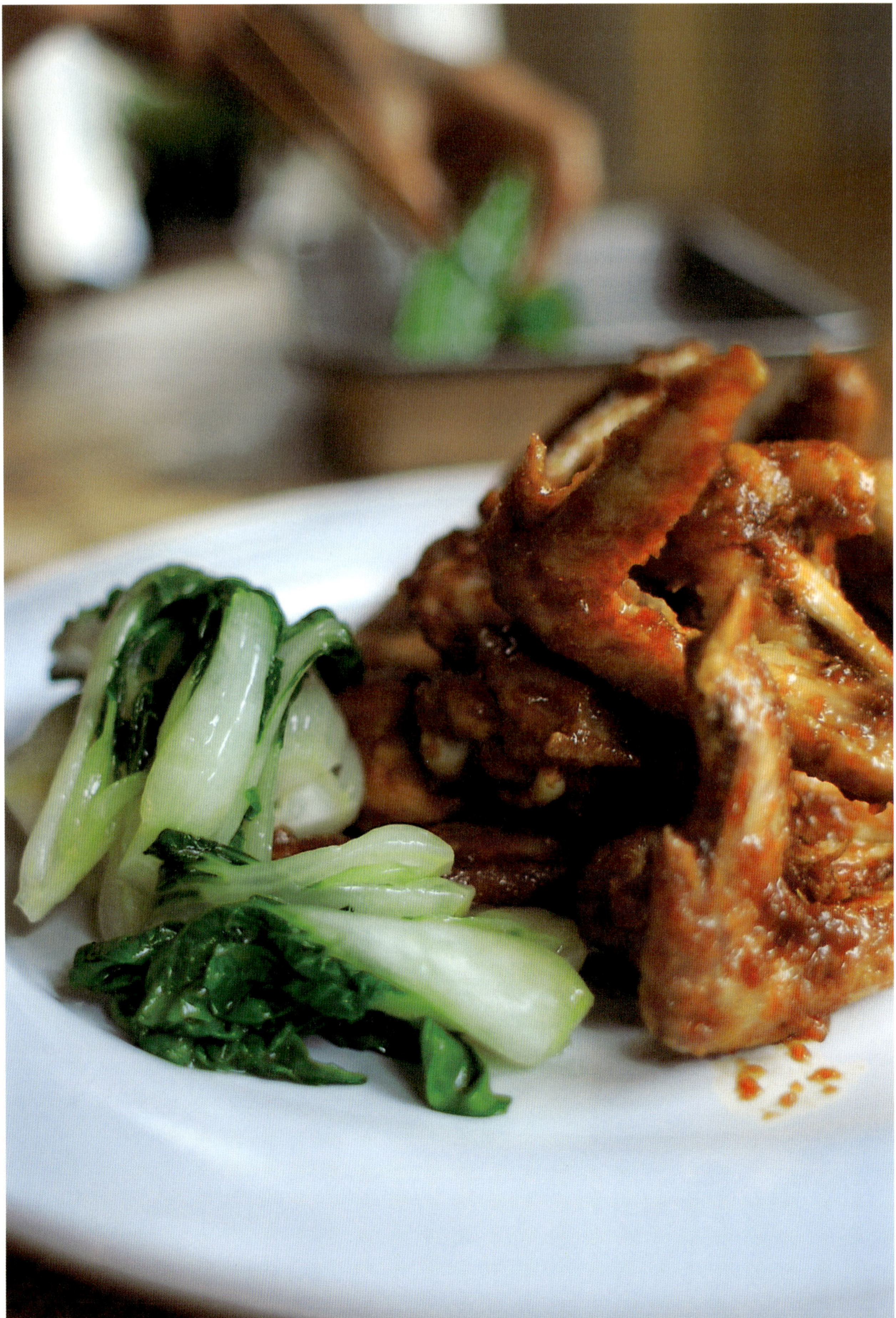

# 鶏手羽先の素揚げマリネ

手羽先に何もつけないでただ素揚げにして、揚げたての熱いのをジュッとしょうゆにつけるだけ。これを豚肉でやってもおいしい。揚げ油は、もうこれでおしまいという何回か使ったもので大丈夫です。それでいてなぜか油っぽくなりません。揚げ方は皮がカリカリッというまでじっくり揚げてください。あつあつでも冷めてもおいしいので、ビールパーティなどにはもってこいの酒のつまみです。とはいえ子どもたちも大好きなので、うちではこれでもか、というほどたくさん作ります。これを揚げたあとの油はもう使えませんので思い切って処分しましょう。緑野菜を添えるとバランスもいいですね。そのとき、野菜の水気をきることを忘れずに。

**材料**
鶏手羽先　8本
揚げ油　適量
A ┃ しょうゆ　大さじ4
　 ┃ にんにく（すりおろす）　1かけ
　 ┃ 黒こしょう（粗びき）　適量

### 1　手羽先を揚げる。
揚げ油を高温に熱し、手羽先の水気をしっかりペーパーでふき取って油に入れる。皮がきつね色にカリカリになるまで揚げる。

### 2　マリネする。
Aをボウルに合わせてマリネ液を作り、手羽先を揚げたそばからジュッとつけていく。すぐに食べてもいいし、翌日になっても味がしみておいしい。

## ミニパクチョイの炒め物

1　ミニパクチョイ5株は縦半分に切り分ける。フライパンにごま油大さじ1を熱し、手水をふりながらパクチョイを炒め、酒大さじ1、塩、こしょう各適量で調味する。
2　ざるに一度上げて水気をきってから盛りつける。

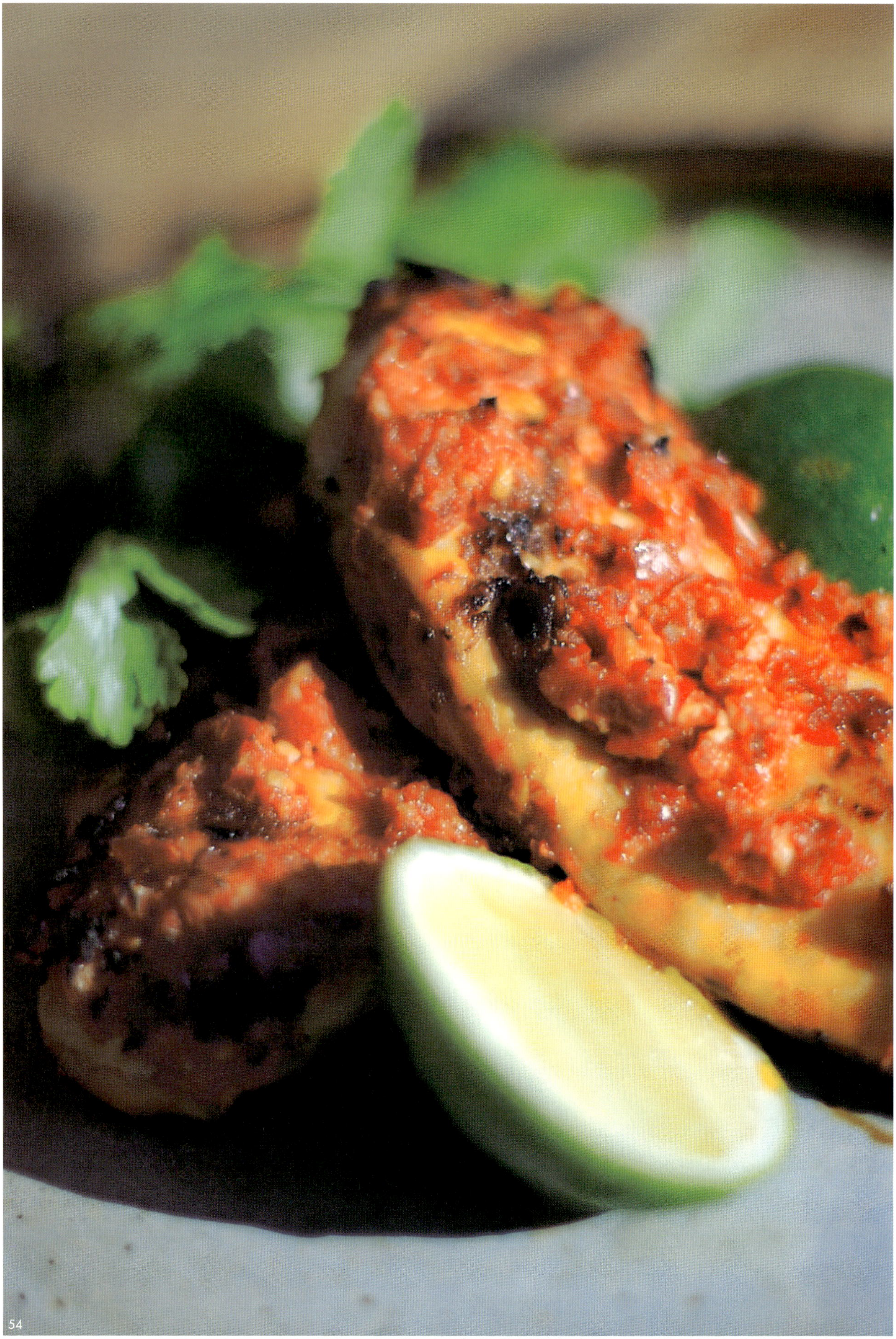

# 鶏肉の赤ピーマンペーストのマリネ

ピーマンの香りが大好きです。そのピーマンをたっぷり使ったマリネです。見た目はとっても辛そうでしょう？　でも辛くありません！　見た目どおりに辛くしたければカイエンペッパーを増やすか赤とうがらしを加えてください。肉は鶏、豚、牛のほか、魚にも合います。焼けているときの香りがたまらなく食欲をそそります。ライムやレモンをぎゅっとしぼって、冷えたビールといただきましょうか。

**材料**
鶏胸肉　3〜4枚
A｜赤ピーマン（種を取る）　2個
　｜にんにく　1〜2かけ
　｜玉ねぎ　1/3個
　｜オリーブオイル　大さじ4
　｜レモン汁　大さじ2
　｜塩　小さじ2
　｜黒こしょう（粗びき）　適量
　｜パプリカ　大さじ2
　｜カイエンペッパー（好みで）　適量

**1　マリネ液を作る。**
Aをすべてミキサーにかけてペースト状にする。

**2　鶏肉をマリネする。**
バットに鶏肉を入れ、マリネ液を両面にたっぷりとつけて、2時間以上おいて味をなじませる。このまま冷蔵庫で1〜3日保存できる。

**3　焼く。**
鶏肉を200℃のオーブンで20〜25分焼く。最後は上火をきかせて焼き色をつけるとおいしそうに。グリルで焼いてもよい。

## 干し野菜のマリネ

干し野菜のおいしさが皆さまに知れ渡ってきたのは、うれしいことです。干し野菜もマリネすると一段と日もちがし、野菜の持つ別のおいしさを引き出すことができます。野菜を干すときは、薄切りにすればするほど早く乾きます。切り方は小口切りでも、繊維にそってでもどちらでも結構です。干し加減は、さわるとしんなりし、少し冷たさを感じるくらいが適当です。少し水分があるから冷たさを感じるのです。完全に乾いてしまうと暖かさを感じます。この加減を見極めるのが、こつといえばこつ。でき上がったマリネはそのままつまんだり、玄米ご飯にのせてもおいしいですし、パスタや炒めご飯にもいいでしょう。

材料
きゅうり　2本
セロリ　1本
にんじん　小1本
玉ねぎ　1個
紫キャベツ（または普通のキャベツ）　4枚
オリーブオイル　大さじ3
酢　大さじ1
塩、こしょう　各適量

**1　野菜を干す。**

玉ねぎは薄切り、そのほかの野菜はせん切りにし、ざるに重ならないよう並べて、夏の陽光なら2時間ほど干す。気温や湿度により、干し時間は加減する。

**2　マリネする。**

フライパンを温めてオリーブオイルを入れ、干した野菜を30秒ほど炒め、塩、こしょうをふり、酢を加えて仕上げる。

干し野菜のマリネ(p.56)を使って

## 干し野菜のマリネ、クラッカー添え

干し野菜のマリネに、スパイスのきいたクラッカーを添えて軽食やオードブルに。クラッカーの代りに、かりっと焼いた薄いパンでもよいでしょう。ワインは白赤どちらにも合います。

# 干し野菜のスパゲッティ

独特の野菜の歯ざわりと、かりっとしたベーコンが絶妙なコンビ。野菜の素直で力強い味わいが、体にそのまま入っていくよう。おいしいものを食べ飽きた方にもおすすめです。

**材料（2人分）**
スパゲッティ（細め）　180g
塩　大さじ1強
干し野菜のマリネ　p.56の半量
オリーブオイル　大さじ2
にんにく（みじん切り）　1かけ
ベーコン（細切り）　4枚
赤とうがらし
　（種を取って小口切り）　1本

1　鍋に2ℓの湯を沸かして塩を加え、スパゲッティをゆでる。
2　平鍋またはフライパンにオリーブオイルとにんにくを入れて、弱火で少し色づくまで炒める。ベーコンを加えてかりっとするまで炒め、とうがらしと干し野菜のマリネを加えて軽く炒め、アルデンテのスパゲッティを加え混ぜる。

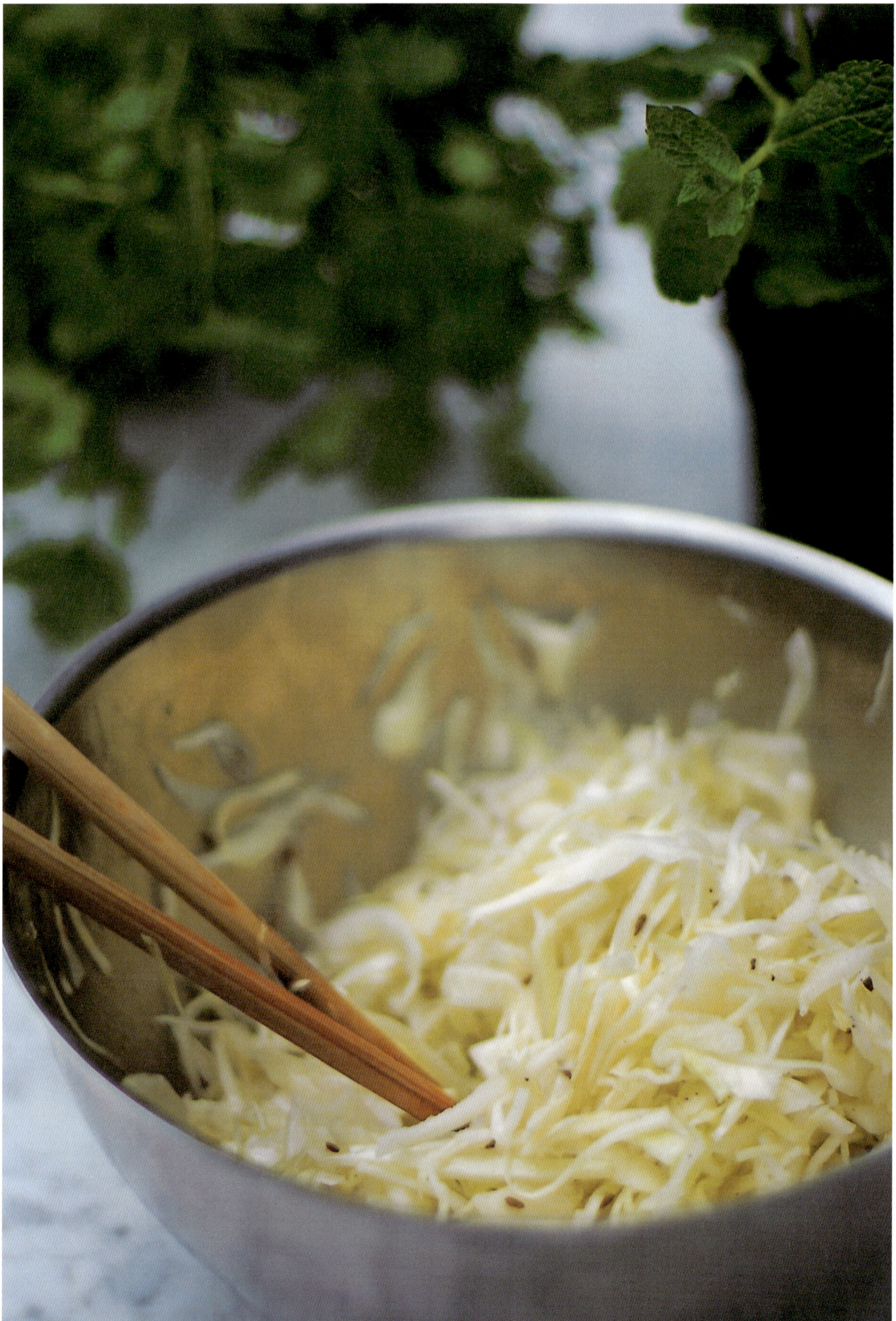

## キャベツのキャラウェイマリネ

キャベツを1個買うと、持て余すことがありますね。そんなときに作っておくと便利なのが、このマリネです。しっかりと巻いた寒い時期のキャベツが向いています。春先のキャベツなら、まず塩もみして少し水分を出してからマリネするとよいでしょう。私は玄米ご飯、魚の塩焼き、そしてこのキャベツマリネの組合せで、ランチや簡単な夕食をすませることがよくあります。カレーのおともにも欠かせない存在なので、いつもボウル一杯作っておきます。5、6日はおいしくいただけ、重宝します。

### 材料
キャベツ　1個
にんにく（好みで）　1かけ
キャラウェイシード　大さじ1
オリーブオイル　大さじ4～5
酢　大さじ2～3
塩、黒こしょう（粗びき）　各適量

### 1 キャベツを切る。
キャベツは2～3mm幅に切る。にんにくはみじん切りにする。

### 2 マリネする。
ボウルにすべての材料を混ぜ合わせる。1時間以上おいてしんなりしてからいただく。ここでは盛りつける直前に香菜とミントを適量混ぜている。

# トマトのメープルシロップマリネ

あまーいトマトは皆大好きですね。普通のトマトも甘酸っぱくマリネしてよーく冷やしていただくと、とてもおいしいものです。メープルシロップとレモン汁のマリネ液ですから、さわやかな酸味とやさしい甘みです。おいしいのと、体にもいいのが一番です。

**材料**
トマト　4個
A｜メープルシロップ　大さじ2
　｜レモン汁、オリーブオイル
　｜　各大さじ3
　｜塩、こしょう、タイム　各少々

### 1　マリネ液を作る。
ボウルにAを混ぜる。

### 2　トマトをマリネする。
トマトは湯むきし、横半分に切って種を取り、食べやすく切る。ボウルにトマトを加えてマリネ液であえ、冷蔵庫でよく冷やす。翌日までおいしくいただける。

### 材料

A
- 酢(ここではサイダービネガー)
  　2カップ
- 水　¾カップ
- 砂糖　¼カップ
- 塩　大さじ⅔～1

B
- クローブ　6粒
- 黒こしょう　10粒
- ローリエ　5～6枚
- クミンシード、
  　フェンネルシード　各小さじ1
- にんにく　3かけ
- 赤とうがらし　2本

C
- セロリ　2本
- カリフラワー　⅓個
- 小かぶ　3個
- 赤ピーマン　½個
- にんじん　小1本
- フェンネル(あれば)　½株
- 玉ねぎ　1個
- 塩　大さじ1

### 1 マリネ液を作る。

鍋にAを入れて火にかけ、沸いてきたら火を止めて冷まし、Bを加える。

### 2 マリネする。

Cの野菜はそれぞれ食べやすく切ってボウルに入れ、塩をまぶして1時間ほどおく。水が出てきたらざるにあけて水気をよくきり、1のマリネ液につける。1日以上おいてからいただく。冷蔵庫で2週間くらいもつ。

## いろいろ野菜のピクルス

彩りのよい、いろいろな野菜にスパイスを入れて酢漬けにしました。漬ける容器は、酸に強いガラスか陶器がおすすめ。野菜はいったん塩をして水分を少し抜いてからのほうが、かりっとおいしく、日もちもします。野菜が足りなくなったら、途中で足してもOK。酢も足していってかまいません。酢はあまりつんつんしない米酢、シェリービネガー、サイダービネガーが私は好みです。子どものころ、豚の薄切りをさっと焼いて、このピクルスをたっぷり添えるのが姉のお得意料理でした。

**材料**

長ねぎ（太いもの）
　2本（またはリーク3本）
塩　少々
A｜オリーブオイル　大さじ4
　｜酢　大さじ1½
　｜塩、こしょう　各適量

**1　ねぎをゆでる。**
長ねぎは青い部分を落とす。鍋とバットに入る長さに切り、熱湯を沸かして塩を入れ、1分半ほどゆでる。ざるに上げて水気をきる。

**2　マリネ液につける。**
バットにAをよく混ぜてマリネ液を作り、ここに1の長ねぎをつける。時々上下を返し、丸1日ほど冷蔵庫に入れておく。いただくときに縦半分に切って盛りつけ、マリネ液をかける。短く切ってもよい。
・写真はリークを使用。

# 長ねぎのマリネ

いつもは脇役の長ねぎも、マリネすればすてきな一皿になります。冷蔵庫で4〜5日は冷やしておけます。オードブルとして、また魚や肉料理の副菜にもいいものです。ゆでてマリネをすることで、ねぎ特有の甘みが出て、ねぎの違った魅力を発見できることでしょう。

**材料**
じゃがいも　4〜5個
にんにく（すりおろす）　2かけ
酢　大さじ2〜3
塩、こしょう　各適量
オリーブオイル　大さじ3〜4
ケイパーベリー　10〜15個

**1　じゃがいもをゆでる。**

じゃがいもは皮ごとやわらかくゆでてへらの腹で押さえてつぶし、皮をむく。

**2　マリネする。**

じゃがいもを熱いうちにボウルに入れ、他の材料をすべて加えて混ぜる。
・好みで刻んだチャイブやあさつきなどを散らしても。
・ケイパーベリーについてはp.17参照。

# じゃがいものマリネ

おいしさの秘密は、ゆでたじゃがいもが熱いうちにざっくりとつぶし、酢や塩をかけることです。冷めてしまってからでは味がしみ込みません。熱いうちにしておけば、冷めてからでもおいしくいただけます。保存はポテトサラダと同じ。冷蔵庫で1〜2日がおいしい。

## 焼ききのこのマリネ

きのこは新しいうちに処理します。もちそうに見えますが、水分が多いため意外に傷みやすく、味も落ちます。焼いたきのこは芳ばしくいい香りです。この香りを封じ込めるように、上質のオリーブオイルでマリネします。炭火で焼ければ一番ですが、ガスレンジなら焼き網にのせて焼きましょう。これを作っておくと、ワインのおともに、肉料理の添えに、と重宝します。

**材料**
生しいたけ（大きめのもの）　6個
しめじ　1パック
にんにく（つぶす）　1かけ
赤とうがらし（ちぎる）　1本
オリーブオイル　大さじ5
塩、こしょう　各適量
パセリ（粗みじん切り）　3本

**1 きのこを焼く。**
きのこは石づきを取って食べやすく裂く。焼き網をよく熱し、きのこをのせて少し焦げ目がつくまで焼く。

**2 マリネする。**
焼いたきのこと他の材料をすべてボウルに入れ、混ぜ合わせる。保存容器に入れ、冷蔵庫で保存する。すぐにいただけるが、翌日くらいにいただくとおいしい。長くもたせたいときは、オイルを口まで注いで空気にふれないようにすれば、4～5週間はもつ。

# 大根とセロリのレモンマリネ

大根もセロリも、1cm角くらいの棒状に切るのがおいしい。カリカリした歯ごたえとさわやかさで、口の中がすっきりとします。これに買いおきのかにや帆立の缶詰を加えると、ちょっとしたごちそうのサラダに。またはグレープフルーツや夏みかんを入れると、よりさっぱりとしたサラダになります。レモンは大きめで皮の薄い、丸みを帯びた、ちょっとやわらかめのものを買いましょう。汁がたっぷり出ます。かぼすやゆずをお使いになるのもいいですね。写真はかぼすです。

**材料**
大根　1/3本
セロリ　2本
塩　大さじ1強
レモン汁　大1個分
　（かぼすなら2個分）

**1　野菜を切る。**
大根は皮をむいて4〜5cm長さ、1cm角の棒状に切る。セロリは筋を取り、大根と同様の棒状に切る。

**2　マリネする。**
ボウルに大根、セロリ、塩を入れてよく混ぜて1時間くらいおく。水気がたくさん出たら絞り、レモン汁を加えて混ぜる。冷蔵庫に保存し、2〜3日はおいしくいただける。

冷たくしていただく夏の定番おかずです。だしは面倒がらずに、自分でとりましょう。私は自家製めんつゆをだしで少しのばして使うこともあります。そうめんのときのおかずにももってこい。食欲がなくても野菜をたくさんいただけます。野菜は焼かずに、高温の油でさっと揚げてマリネしてもおいしい。

## 焼き野菜のだしびたし（だしマリネ）

**材料**
アスパラガス　5本
なす　2個
赤ピーマン、緑ピーマン　各2個
A｜かつお節のだし　1カップ
　｜しょうゆ　大さじ1½
　｜みりん　大さじ1
しょうが（すりおろす）　1かけ

**1　マリネ液を作る。**
小鍋にAを合わせて一煮立ちさせ、火を止めて、すりおろしたしょうがを加える。

**2　野菜を切る。**
アスパラガスは根元を折り、なすは四つ割りにして海水くらいの塩水につける。ピーマンは種を取り、食べやすく切る。

**3　野菜を網焼きにしてマリネする。**
野菜を焦げ目がつくくらいに網で焼き、バットなどに入れてマリネ液を注ぎ、冷蔵庫に入れて時々返す。2〜3時間ほどで味がしみ、2日ほどおいしく食べられる。いただくときにしょうがやねぎ、みょうが、しその葉などをのせても。

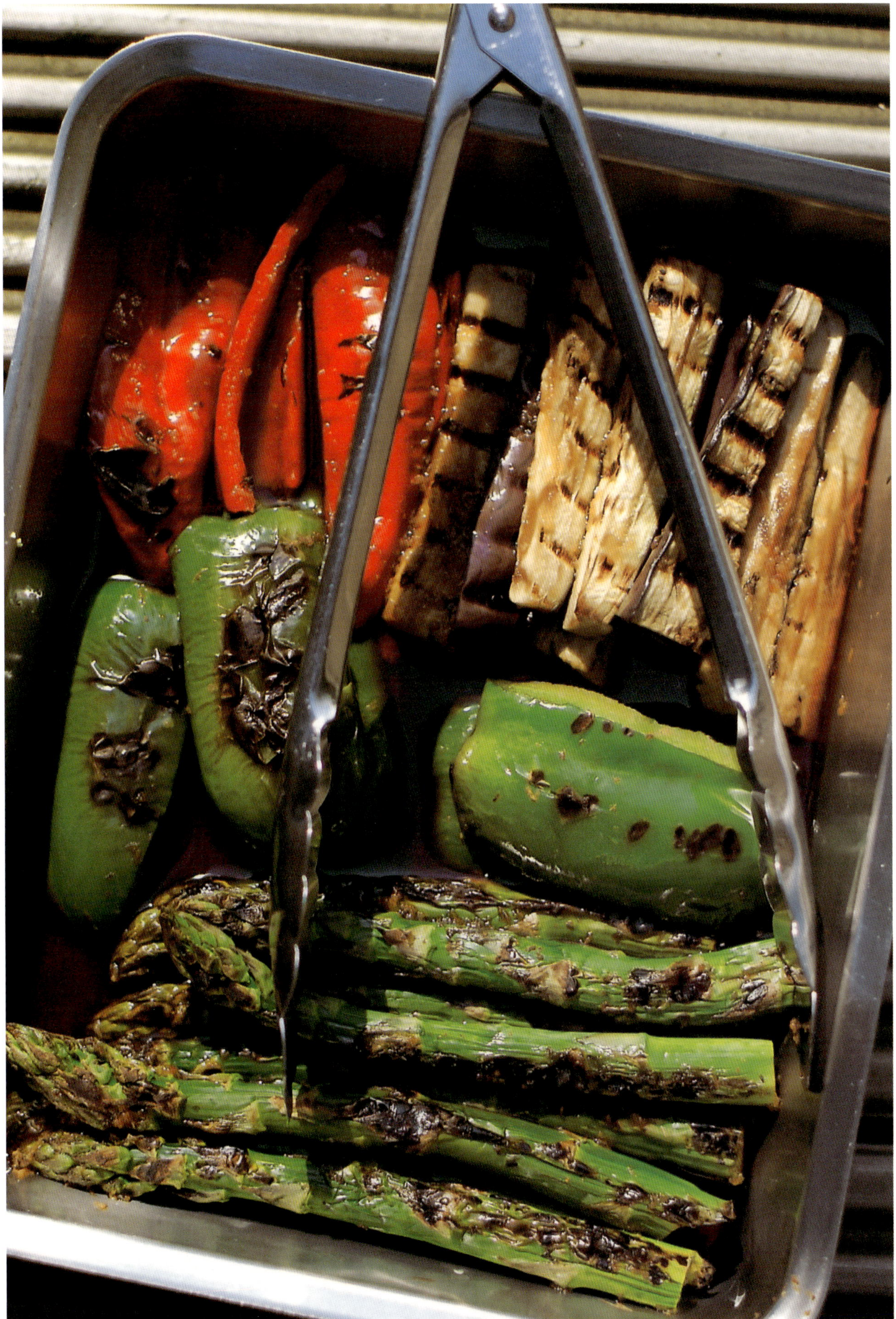

わかめはそうそうたくさん食べられるものではないのですが、こうしてマリネしておくと、いつでもテーブルに出せるのと口当りがいいので、いくらでも食べられるのがいいところです。ちょっとした工夫で、体にいいものを無理なくたっぷり食べられます。わかめはこのほか、にんにく炒めもおいしいですよ。生や塩蔵わかめでも結構ですが、うちでは干した阿波の鳴門糸わかめを使っています。

## わかめのマリネ

**材料**
干しわかめ　5g
米酢、ごま油　各大さじ2〜3
しょうゆ　大さじ3〜4
赤とうがらし　1本

### 1 わかめをもどす。
干しわかめは水に4分くらいつけてもどし、食べやすく切る。赤とうがらしは種を取り、せん切りにする。

### 2 マリネする。
ボウルにわかめを入れ、他の材料をすべて加えて混ぜる。3〜4日はおいしくいただける。好みで白髪ねぎやしょうがのせん切りなどを加える。

オクラのねばねばは体にもいいし、おいしいものです。私は玄米ご飯とこのオクラのマリネの組合せが大好き。しその葉やみょうがもいっぱい入れてしょうゆを混ぜ、10分もおいておくと見違えるほど粘りが出て、それはおいしくなります。これを玄米ご飯にたっぷりのせていただきます。オクラのマリネにさらに納豆を混ぜたり、かつお節を混ぜたものも玄米ご飯にぴったり。元気になる夏のいいおかずです。

# オクラのマリネ

**材料**
オクラ（薄切り）　6本
きゅうり（5mm角に切る）　1本
ピーマン（5mm角に切る）　小1個
しょうが（みじん切り）　1かけ
みょうが（薄切り）　2〜3個
しその葉（細切り）　5枚
切り昆布（あれば）　ひとつまみ
　（入れなくても粘りは出る）
しょうゆ　大さじ1

**マリネする。**
ボウルに材料をすべて入れてよく混ぜ、10〜15分おき、さらに混ぜる。その日のうちに食べきるほうがよい。

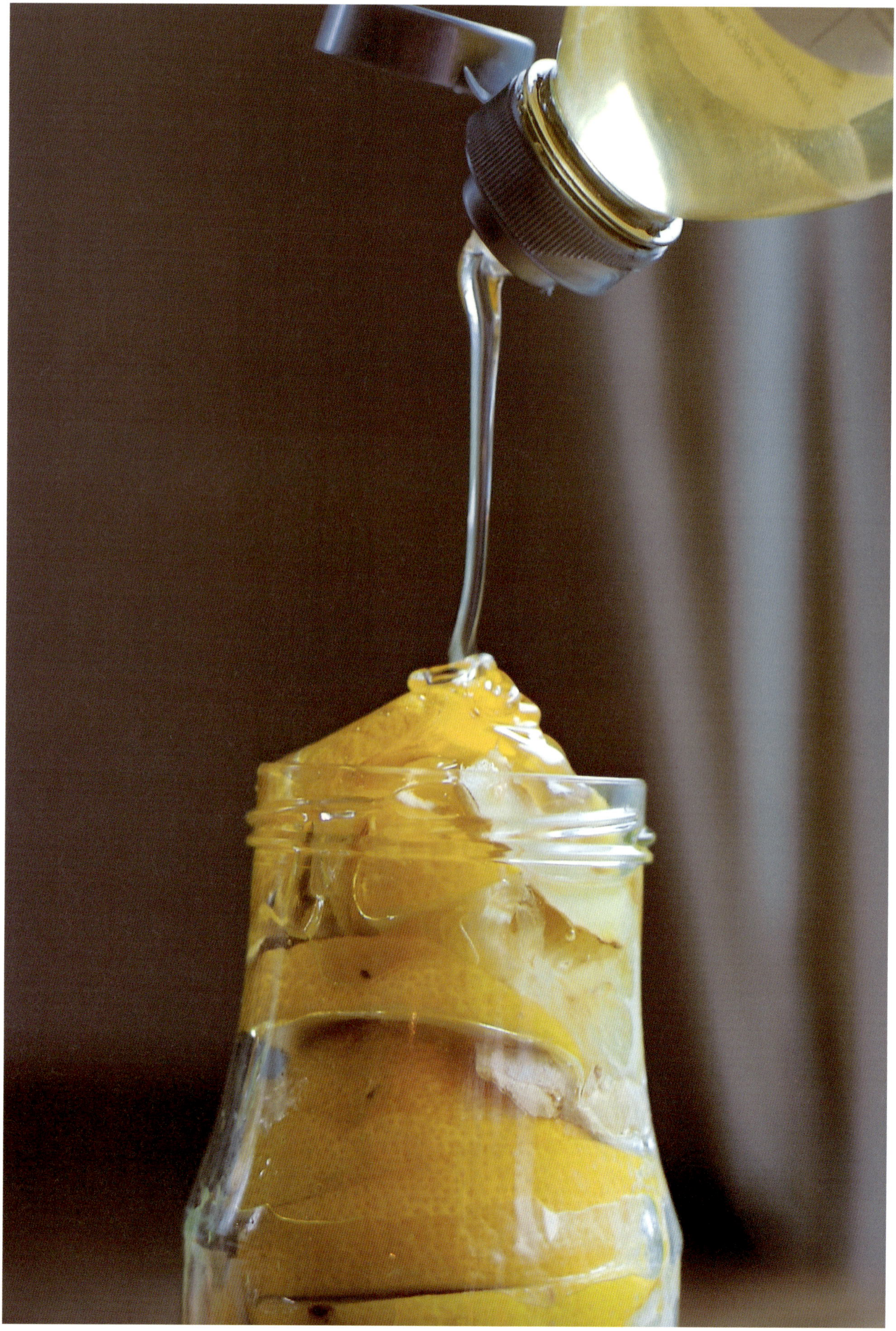

## レモンとしょうがのはちみつマリネ

これに熱湯を加えてふうふういいながら飲むと、体中がぽかぽかしてきます。うちでは冬の夜に欠かせない飲み物。はちみつにつかったレモンはもちろん、しょうがもそのまま食べてもおいしく、紅茶に入れてもいいものです。

**材料**
レモン(ノーワックス。
　3mm厚さの輪切り) 2個
しょうが(皮ごと薄切り) 2～3かけ
はちみつ 1～1½カップ

**マリネする。**
瓶にレモンとしょうがを交互に入れ、はちみつを口一杯まで注ぐ。冷蔵庫に1～2日おいてからいただく。1週間くらいで食べきるようにする。

**材料**
いちご 1パック
レモン(ノーワックス) 1個
グラニュー糖 大さじ4〜5

**1 下ごしらえをする。**
いちごはへたを取り、大きければ半分に切る。レモンは、皮はすりおろし、果汁をしぼる。

**2 マリネする。**
ボウルにすべての材料を入れてマリネする。その日のうちに食べきる。

# いちごのレモンマリネ

いちごのいちばん好きな食べ方はこれです。春先のデザートに、いつも山ほど作ります。万が一残ったら、もう少しグラニュー糖を足して煮てジャムを作ります。これに上等のバルサミコをかけると、イタリア風のデザートに。

# ざくろのマデーラ酒マリネ

これはイタリアの友人に教わったざくろの食べ方で、このままスプーンですくっていただきます。日本ではこれといった特別な食べ方のないざくろですが、イギリスではエキゾティックな盛りつけにしたいときに、ざくろを魚や肉料理に添えたり、サラダにも使っています。何でもありの、イギリスならではの使い方ですね。アイスクリームやゼリーにかけてもすてきです。お酒はマデーラ酒のほか、少し甘みのあるポルト酒でもいいでしょう。

**材料**
ざくろ　1個
マデーラ酒　1カップ

**マリネする。**
ざくろの実をはずして瓶などに入れ、マデーラ酒を注ぐ。冷蔵庫に1日ほどおいてそのままいただく。2日くらいは保存できる。

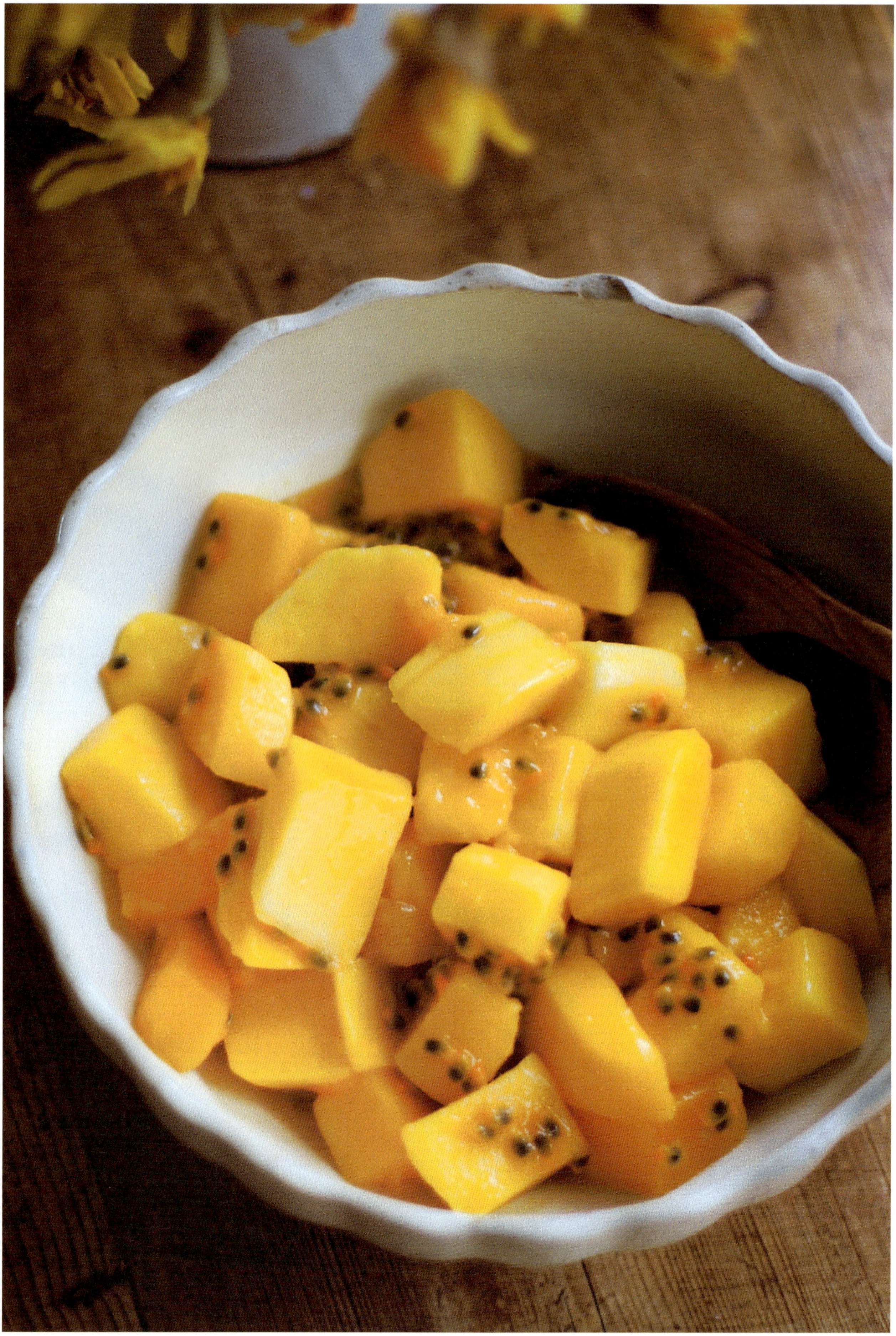

## マンゴーの
## パッションフルーツマリネ

最近はおいしいマンゴーが沖縄や宮崎でとれるようになりました。おいしければもちろんそのままいただくのが一番ですが、パッションフルーツと合わせてみると、夢のような香りと豊満な味が相まって感激的な一品になります。冷やしてすぐに食べてもいいですし、3〜4時間マリネしておいても結構です。

**材料**
マンゴー　2個
パッションフルーツ　5〜6個

**1　フルーツの下ごしらえをする。**
マンゴーは半分に切って種を取り、皮をむいて食べやすく切る。パッションフルーツは半分に切り、中身を出す。

**2　マリネする。**
マンゴーとパッションフルーツを合わせ、よく冷やしていただく。フルーツの甘みが足りなければグラニュー糖を補う。すぐにいただくのがおいしいが、保存は冷蔵庫で2日が限度。

## プラムのバニラマリネのクランブル

バニラビーンズと赤ざらめ糖、赤ワインでマリネしたプラムにクランブルをのせて焼きます。バニラはエッセンスではなく、ビーンズを使うのが決め手です。なければ、シナモン（パウダーまたはスティック）をお使いください。あつあつにバニラアイスをのせて、少しとけかかったところをいただきます。

### 1　プラムの種を取る。
プラムは皮ごと半分にナイフを入れ、ひねって割り、種を取る。バニラビーンズは縦半分に切り、ナイフでしごいて種を出す。

### 2　プラムをマリネする。
ボウルにプラム、赤ワイン、赤ざらめ糖、バニラビーンズを入れてマリネし、2時間から半日くらい冷蔵庫におく。

### 3　クランブルを作る。
薄力粉にバターをもみ込むようにしてさらさらにし、赤砂糖とシナモンパウダーを加える。

### 4　焼く。
バター（分量外）をぬったキャセロールに2を入れて3をのせ、210℃のオーブンで25分焼く。オーブンから出してバニラアイスクリームをのせる。

**材料（直径20cm前後のキャセロール1個分）**
プラム　6〜7個
赤ワイン　½カップ
赤ざらめ糖　大さじ5〜6
バニラビーンズ　1本
クランブル
　薄力粉　1カップ
　バター　50g
　赤砂糖（きび砂糖など）　30〜40g
　シナモンパウダー　大さじ1
バニラアイスクリーム　適量

著者紹介

## 有元葉子（ありもと・ようこ）

料理研究家。雑誌編集者を経て家庭を持ち、料理のおもしろさに目覚める。料理は掛け値なくおいしく、材料、調理法は極力シンプルであることをモットーに、食の安全や環境への配慮も重視した食生活の提案を続けている。経験に基づいて玄米のよさを提唱。著書に『干し野菜のすすめ』『玄米　私の楽しみ方』『有元葉子の無水鍋料理』『［私のフライパン］料理』『だしとスープがあれば』『有元葉子うちのおつけもの』(いずれも文化出版局)など多数。
著者のホームページ　http://www.arimotoyoko.com

# 有元葉子のマリネがあれば
### 仕込んでおいて、すぐごはん

| | |
|---|---|
| アートディレクション | 昭原修三 |
| デザイン | 酒井由加里（昭原デザインオフィス） |
| 撮影、スタイリング | スカーレットめぐみ |

| | |
|---|---|
| 発　行 | 2008年11月17日　第1刷<br>2019年1月22日　第8刷 |
| 著　者 | 有元葉子 |
| 発行者 | 大沼　淳 |
| 発行所 | 学校法人 文化学園 文化出版局<br>〒151-8524 東京都渋谷区代々木3-22-1<br>電話03-3299-2565(編集)<br>　　03-3299-2540(営業) |
| 印刷・製本所 | 株式会社文化カラー印刷 |

©Yoko Arimoto 2008　Photographs©Megumi Scarlett 2008　Printed in Japan
本書の写真、カット及び内容の無断転載を禁じます。

本書のコピー、スキャン、デジタル化等の無断複製は著作権法上での例外を除き、禁じられています。
本書を代行業者等の第三者に依頼してスキャンやデジタル化することは、たとえ個人や家庭内での利用でも著作権法違反になります。

文化出版局のホームページ http://books.bunka.ac.jp/